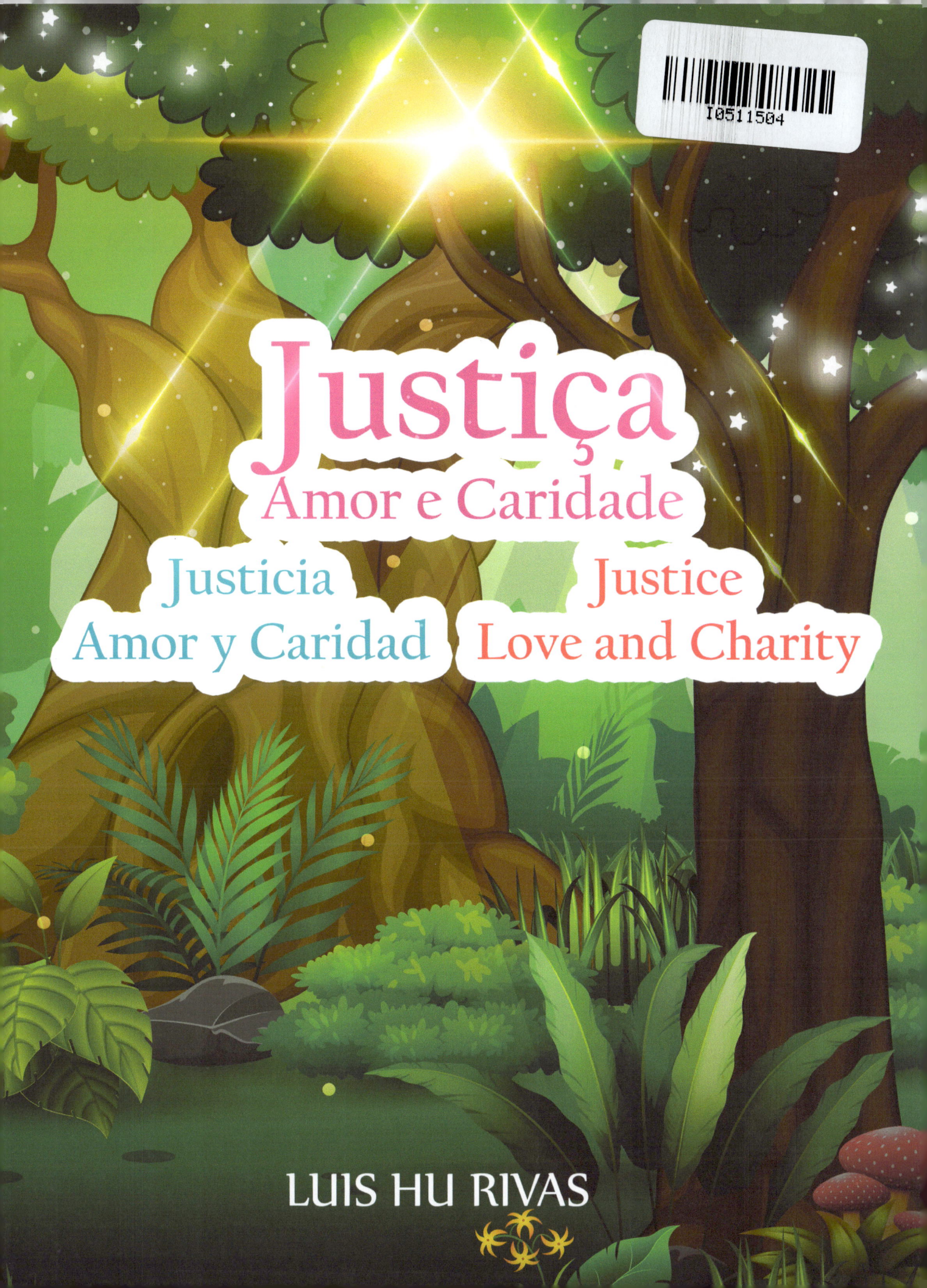

🇧🇷 Em um belo dia, o cachorrinho Lupi e a gatinha Oli faziam um piquenique em uma linda floresta.
– Vou colocar aqui a comidinha que eu trouxe – falou Oli, contente, tirando umas cenouras de sua cesta.
– Au, au! – disse Lupi: – Eu trouxe um jogo de tabuleiro para brincarmos depois.
Aproveitando o belo dia, nossos amigos foram passear um pouco para respirar o ar da natureza. Porém, quando voltaram, algo inesperado havia acontecido.
– Ei, Lupi, as cenouras desapareceram! – exclamou Oli.
– É mesmo! – falou Lupi: – Será que alguém as pegou?

🇪🇸 En un hermoso día, el perrito Lupi y la gatita Oli estaban de picnic en un hermoso bosque.
"Voy a servir la comida que traje", dijo contenta Oli, sacando algunas zanahorias de su canasta.
–¡Guau, guau! –dijo Lupi.– Traje un juego de mesa para que juguemos más tarde.
Aprovechando el hermoso día, nuestros amigos salieron a respirar el aire natural. Pero cuando regresaron, sucedió algo inesperado.
–¡Oye, Lupi, las zanahorias desaparecieron! –exclamó Oli.
–¡Es cierto! –dijo Lupi.– ¿Será que alguién se las llevó?

🇺🇸 On a beautiful day, the dog Lupi and the kitten Oli had a picnic in a beautiful forest.
"I'm going to put the food I brought here," said Oli happily, taking some carrots from her basket.
"Woof, woof!" said Lupi. "I brought a board game for us to play later."
Taking advantage of the beautiful day, our friends went for a walk to breathe in nature's air. However, when they returned, something unexpected had happened.
"Hey, Lupi, the carrots are gone!" Oli exclaimed.
"Certainly!" said Lupi. "Did someone take them?"

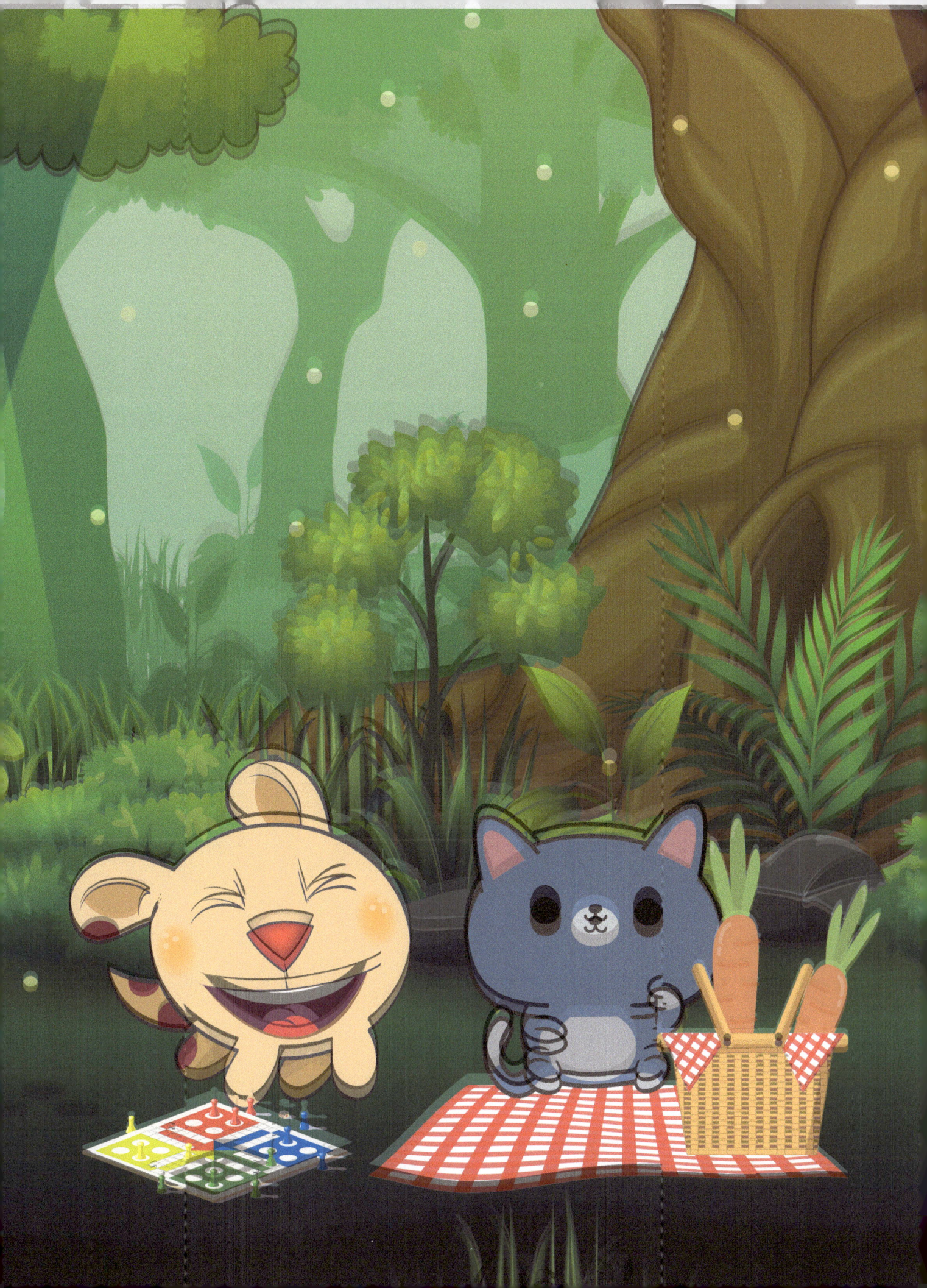

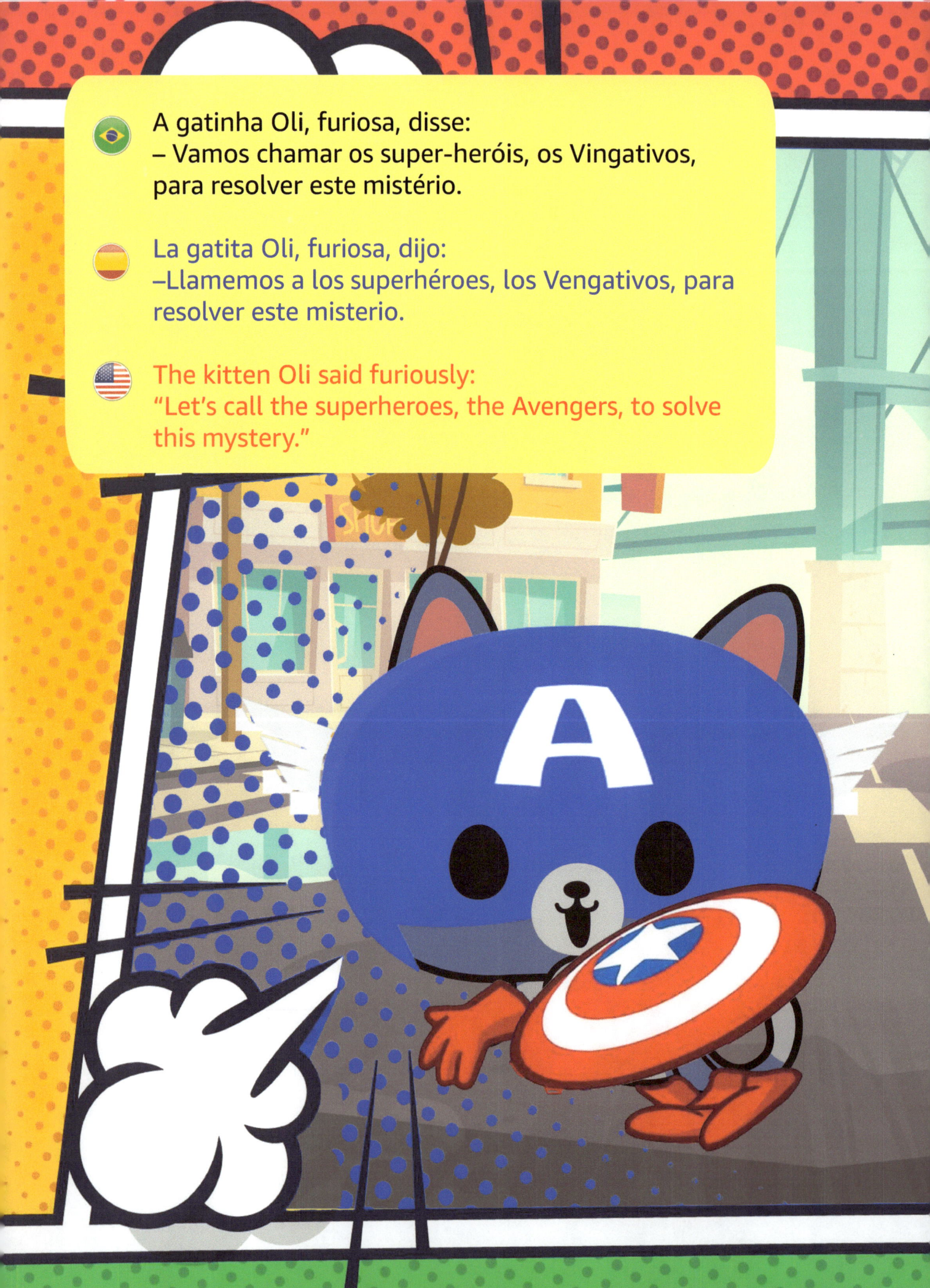

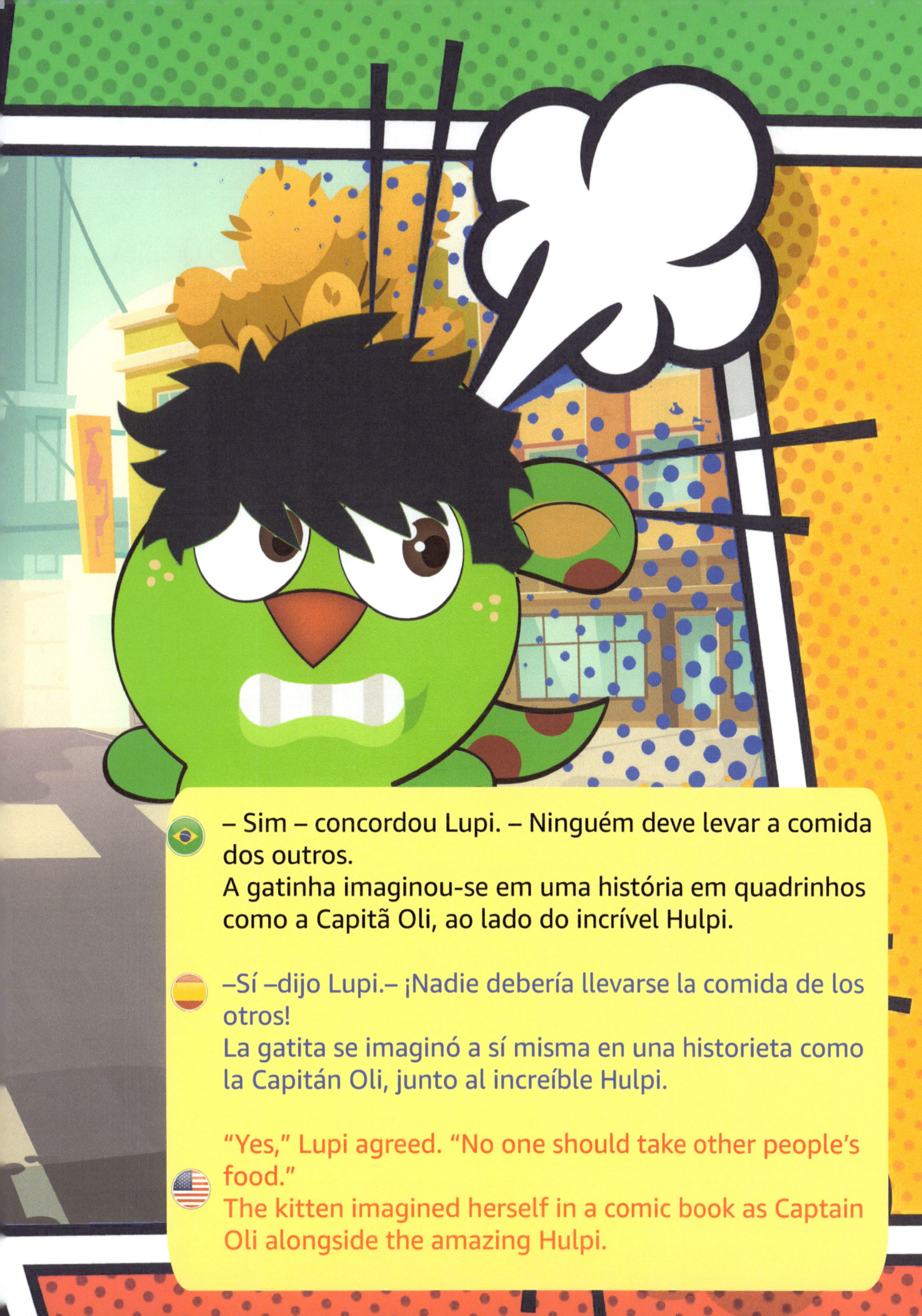

🇧🇷 – Ei, amigos da cidade, nada de vingança! – falou um cervo da floresta. – Aqui na natureza, respeitamos a Lei de Justiça, Amor e Caridade.
– Como assim? – perguntou Lupi, curioso.
Uma borboletinha respondeu:
– Tudo está unido na natureza, nada é por acaso. O simples bater de minhas asas pode causar grandes tornados.
– Não estou entendendo nada! – falou Oli, ainda furiosa. – Só quero a ajuda dos Vingativos para achar minhas cenouras!
Para que entendessem melhor, os amigos da floresta explicaram uma das Leis de Deus: a Lei de Justiça, Amor e Caridade.

 –Hola, amigos de la ciudad. ¡Nada de venganza! –dijo un ciervo del bosque.– Aquí en la naturaleza, respetamos la Ley de Justicia, Amor y Caridad.
–¿Como asi?– preguntó Lupi, curioso.
Una mariposa respondió:
–Todo está unido en la naturaleza, nada es casualidad. Un solo aleteo de mis alas puede causar enormes tornados.
–¡Yo no estoy entiendo nada! –dijo Oli, aún furiosa.– ¡Solo quiero ayuda de los Vengativos para encontrar mis zanahorias!
Para que comprendieran meor, los amigos del bosque explicaron una de las Leyes de Dios: la Ley de Justicia, Amor y Caridad.

 "Hey, city friends, no revenge!" spoke a forest deer. "Here in nature, we respect the Law of Justice, Love, and Charity."
"How is that?" Lupi asked curiously.
The butterfly replied:
"Everything is united in nature; nothing is by chance. The simple flapping of my wings can cause huge tornadoes."
"I don't understand anything!" said Oli, still furious. "I just want the Avengers to help me find my carrots!"
So that they could understand better, the friends of the forest explained one of the Laws of God: the Law of Justice, Love, and Charity.

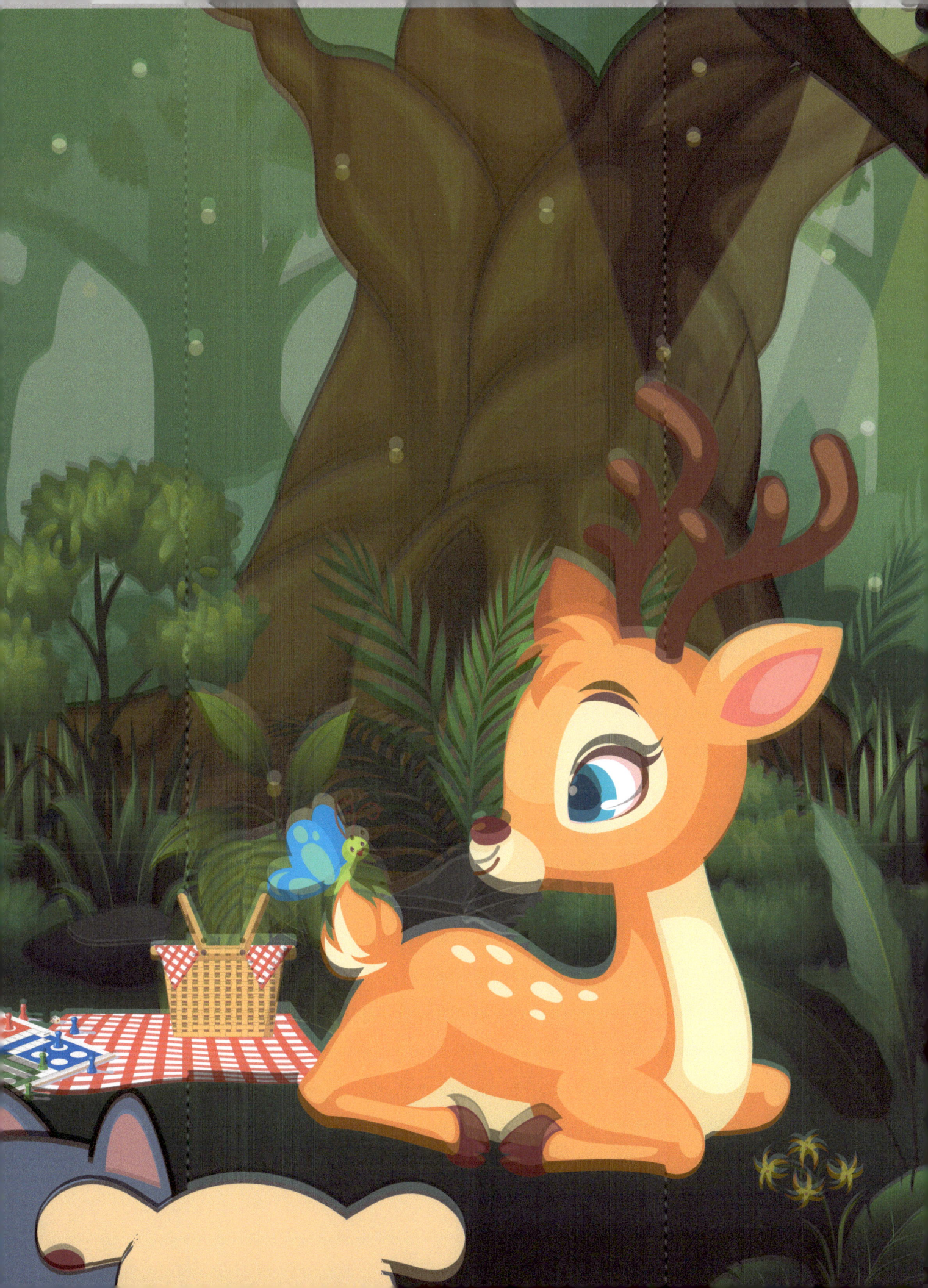

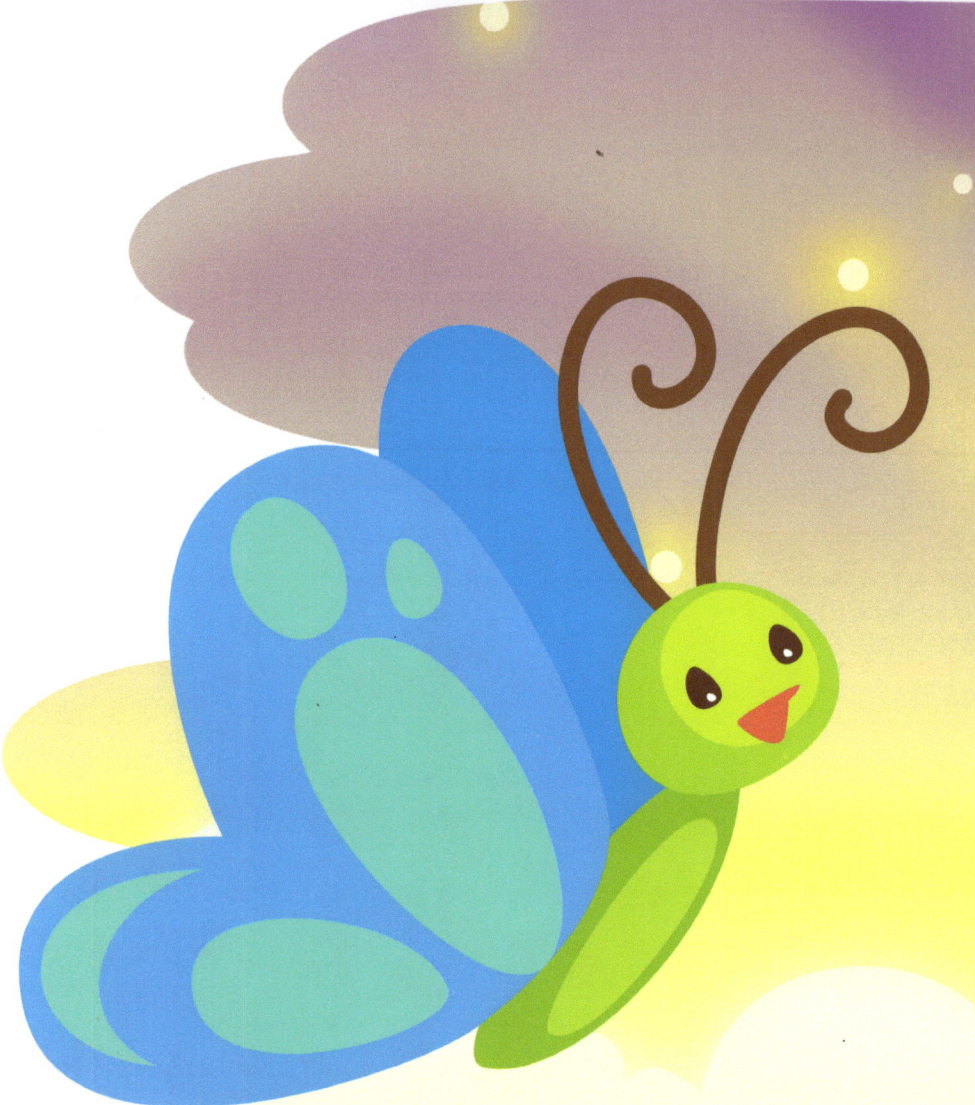

 1. Justiça
A borboleta contou que, há muito tempo, havia um homem justo chamado Moisés. Ele recebeu uma revelação espiritual: dez leis conhecidas como os Dez Mandamentos.

 1. Justicia
La mariposa contó que, hace mucho tiempo, existió un hombre justo llamado Moisés. Él recibió una revelación espiritual: diez leyes conocidas como los Diez Mandamientos.

 1. Justice
The butterfly told them that, long ago, there was a righteous man named Moses. He received a spiritual revelation: ten laws known as the Ten Commandments.

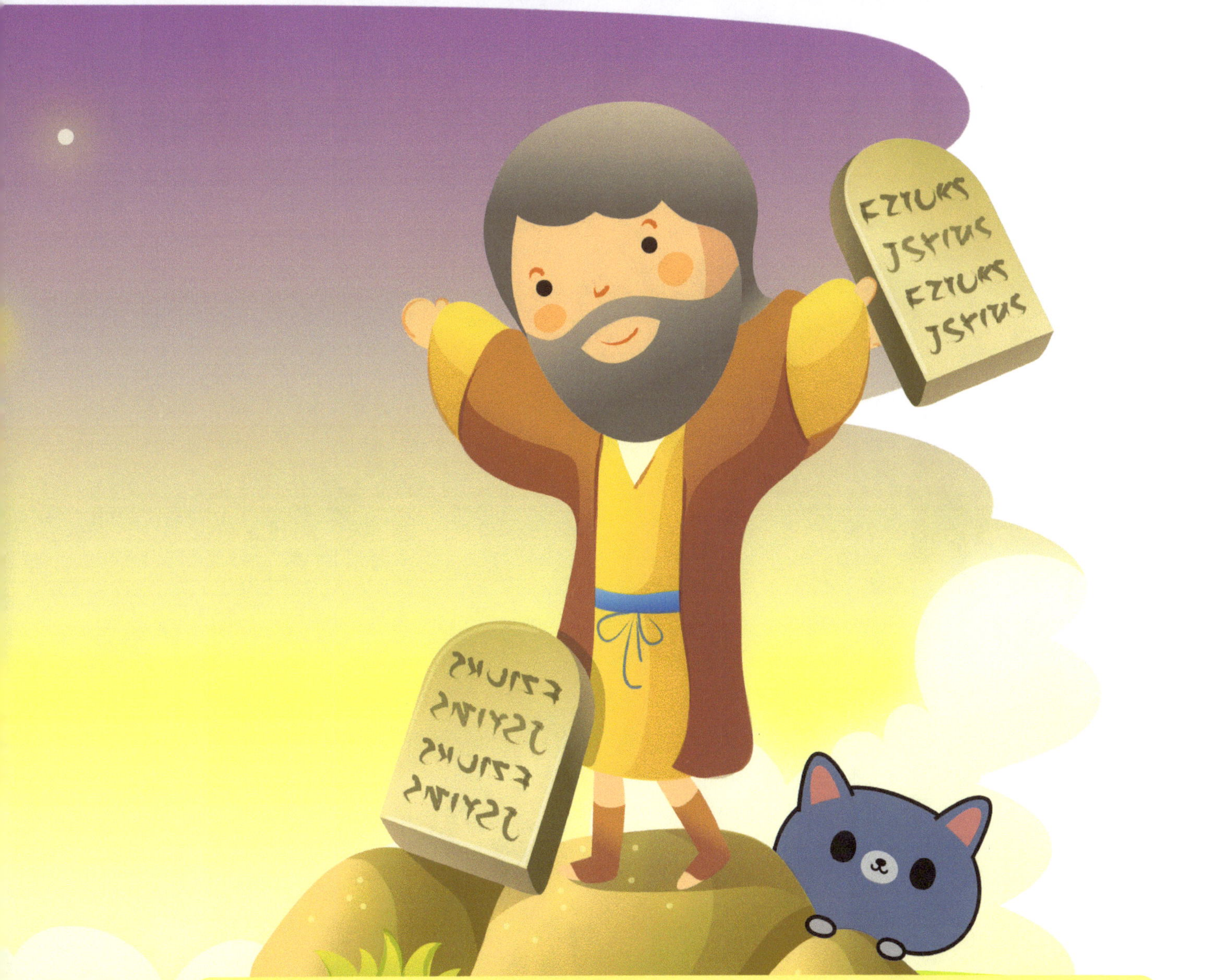

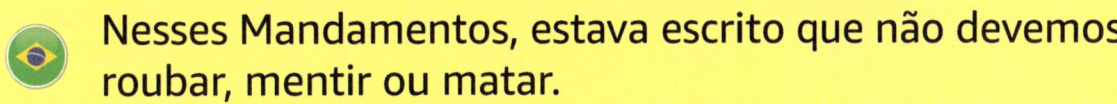

🇧🇷 Nesses Mandamentos, estava escrito que não devemos roubar, mentir ou matar.
– Com isso eu concordo. E também não devemos roubar cenouras! – disse Oli, imaginando-se ao lado de Moisés.

🇪🇸 En eses Mandamientos, estaba escrito que no debemos robar, mentir ou matar.
–Estoy de acuerdo con eso. ¡Y también no debemos robar zanahorias! –dijo Oli, imaginándose al lado de Moisés.

🇺🇸 In these Commandments, it was written that we should not steal, lie, or kill.
"With that, I agree. And we shouldn't steal carrots either!" said Oli, imagining herself beside Moses.

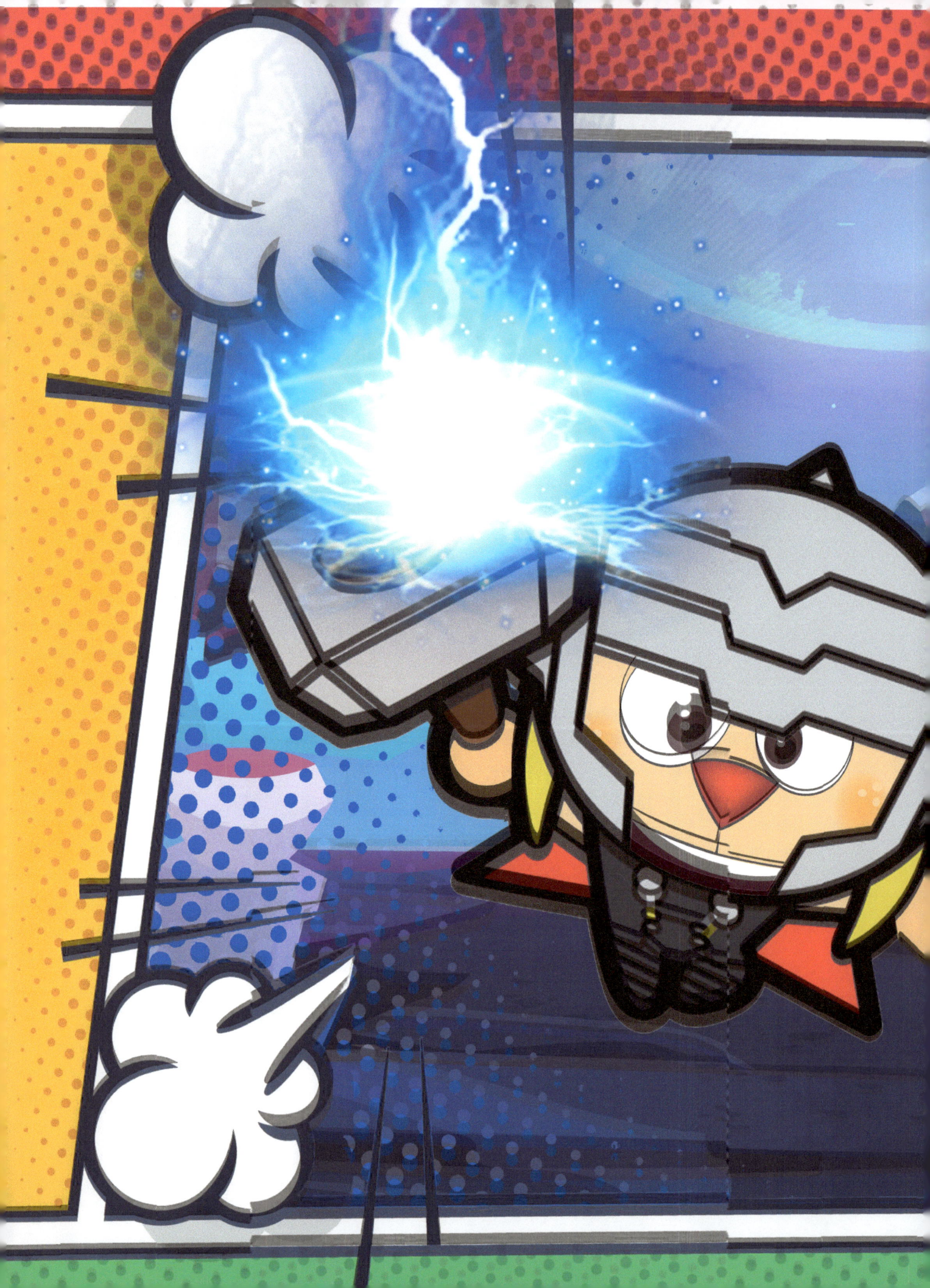

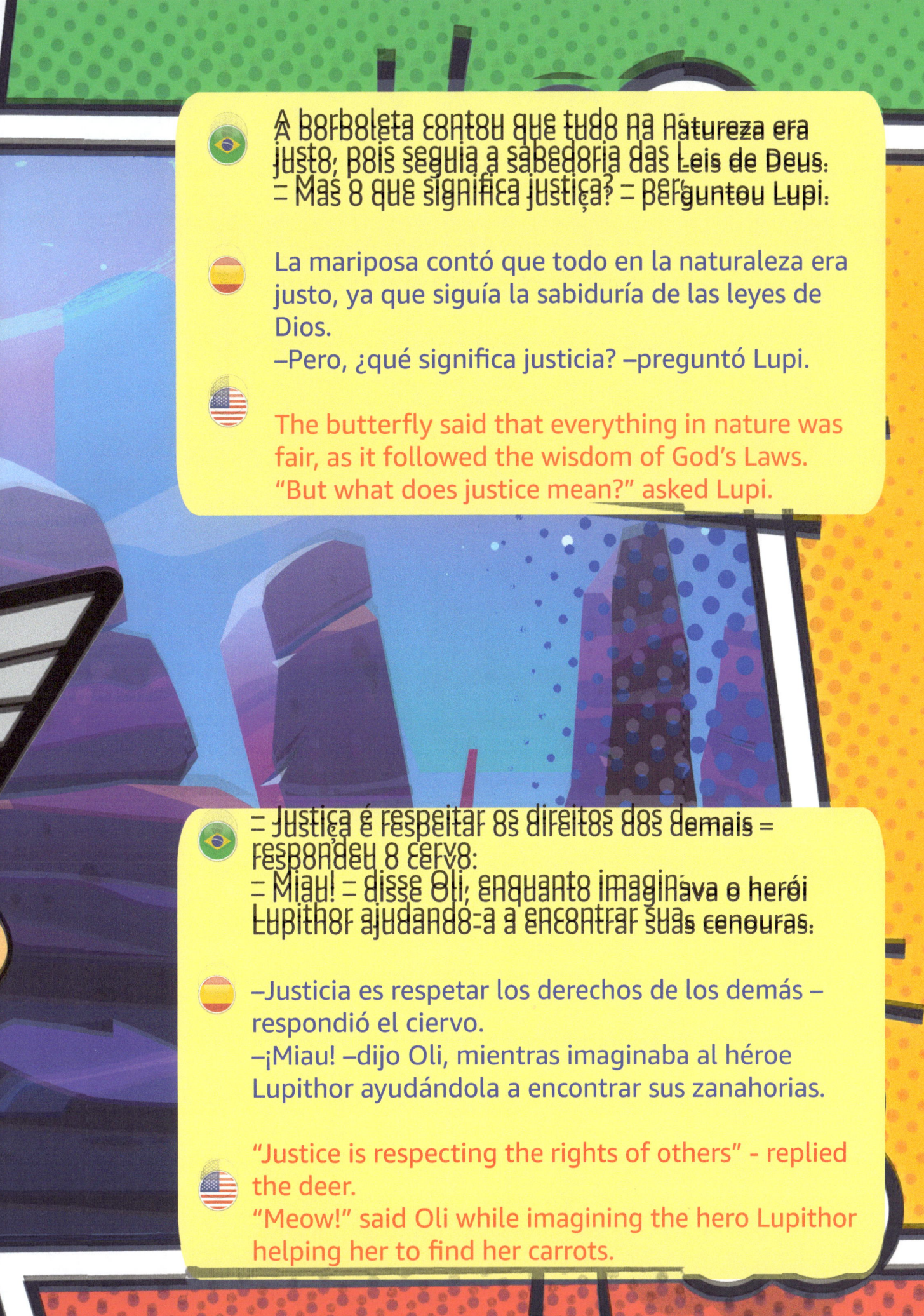

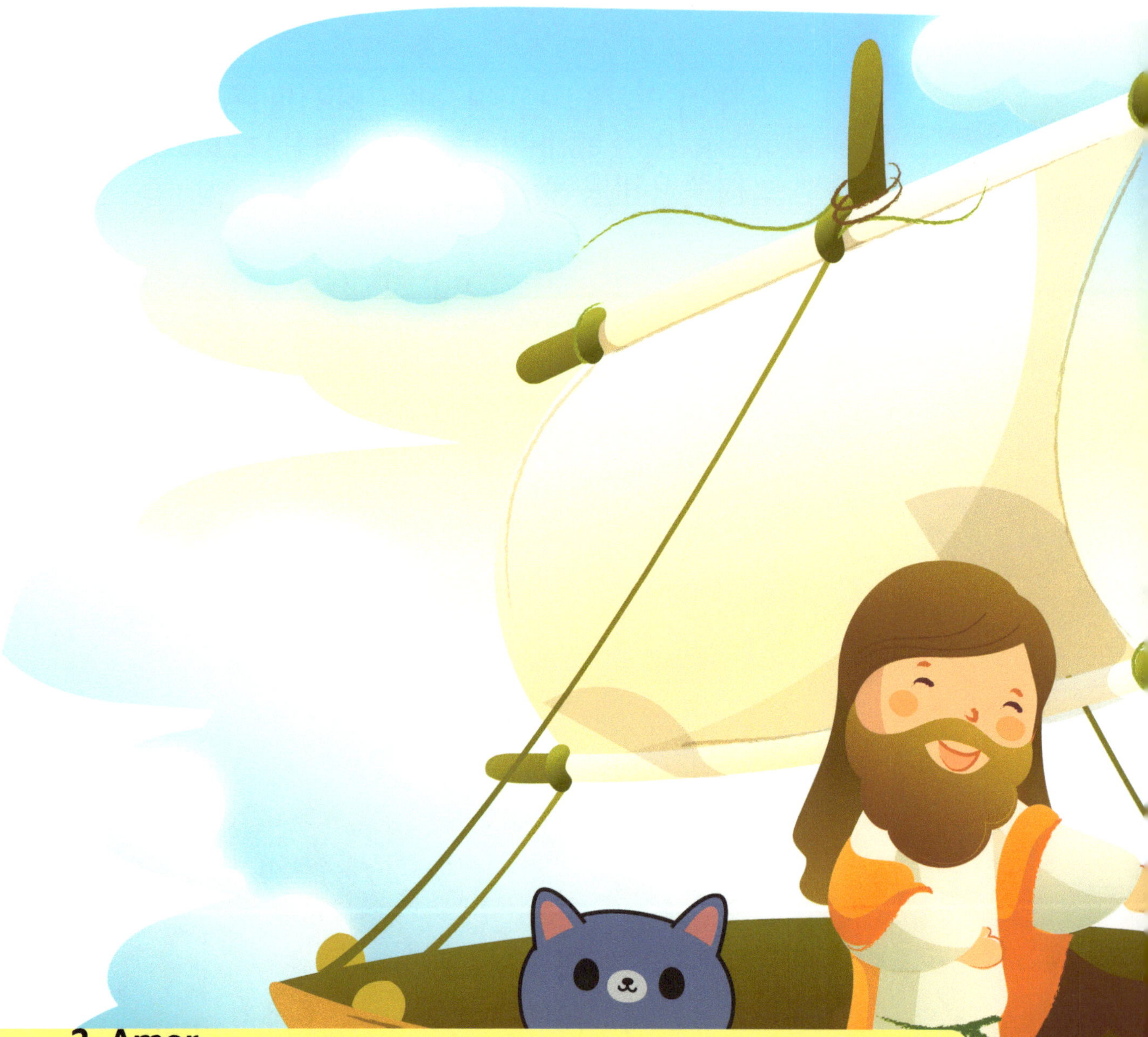

2. Amor

O cervo contou que, tempos depois, houve uma segunda revelação. Jesus veio à Terra para nos ensinar sobre o Evangelho de Amor.

2. Amor

El ciervo informó que algún tiempo después hubo una segunda revelación espiritual. Jesús vino a la Tierra para enseñarnos sobre el Evangelio de Amor.

2. Love

The deer said that sometime later, there was a second revelation. Jesus came to Earth to teach us about the Gospel of Love.

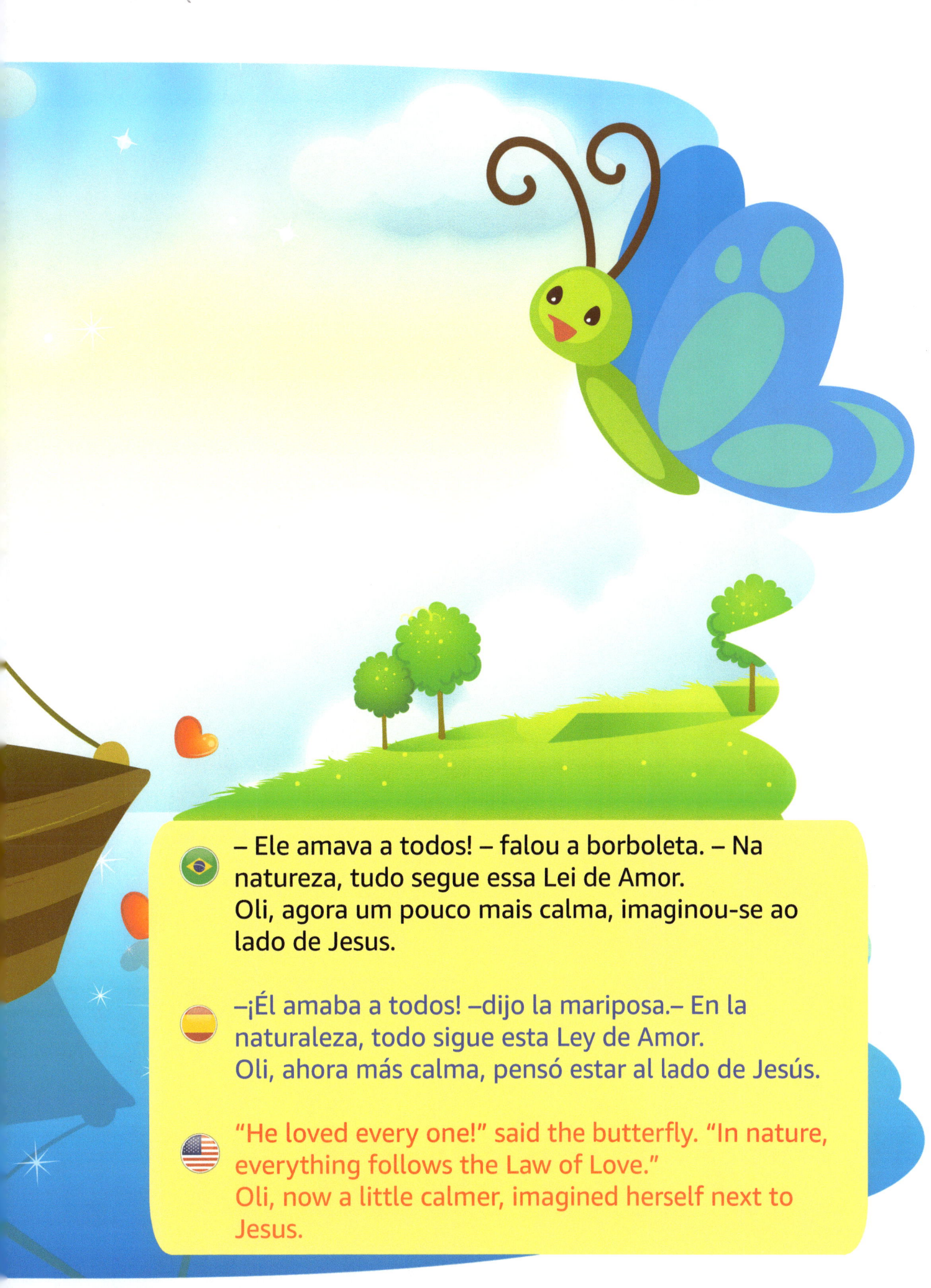

🇧🇷 – Ele amava a todos! – falou a borboleta. – Na natureza, tudo segue essa Lei de Amor.
Oli, agora um pouco mais calma, imaginou-se ao lado de Jesus.

🇪🇸 –¡Él amaba a todos! –dijo la mariposa.– En la naturaleza, todo sigue esta Ley de Amor.
Oli, ahora más calma, pensó estar al lado de Jesús.

🇺🇸 "He loved every one!" said the butterfly. "In nature, everything follows the Law of Love."
Oli, now a little calmer, imagined herself next to Jesus.

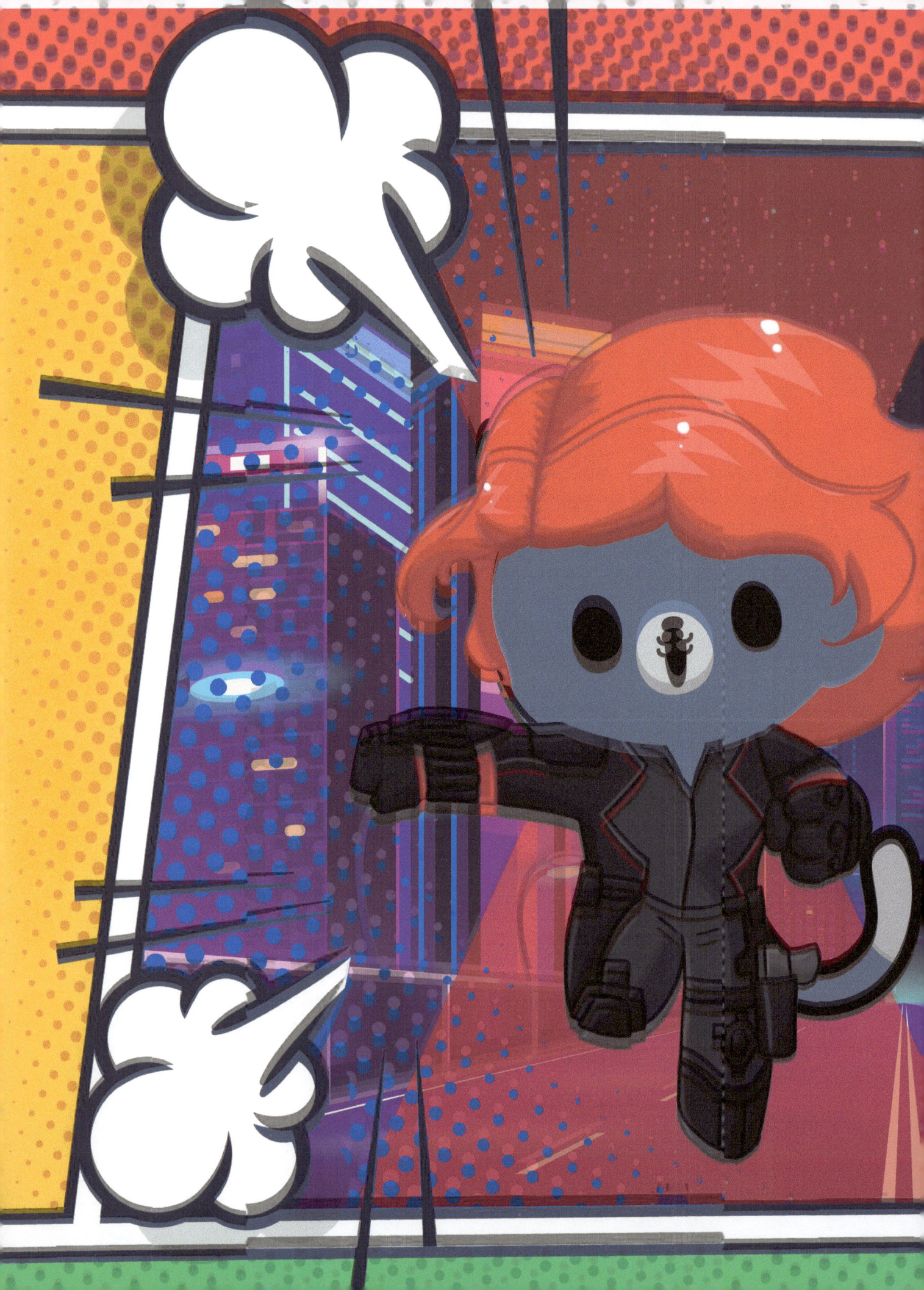

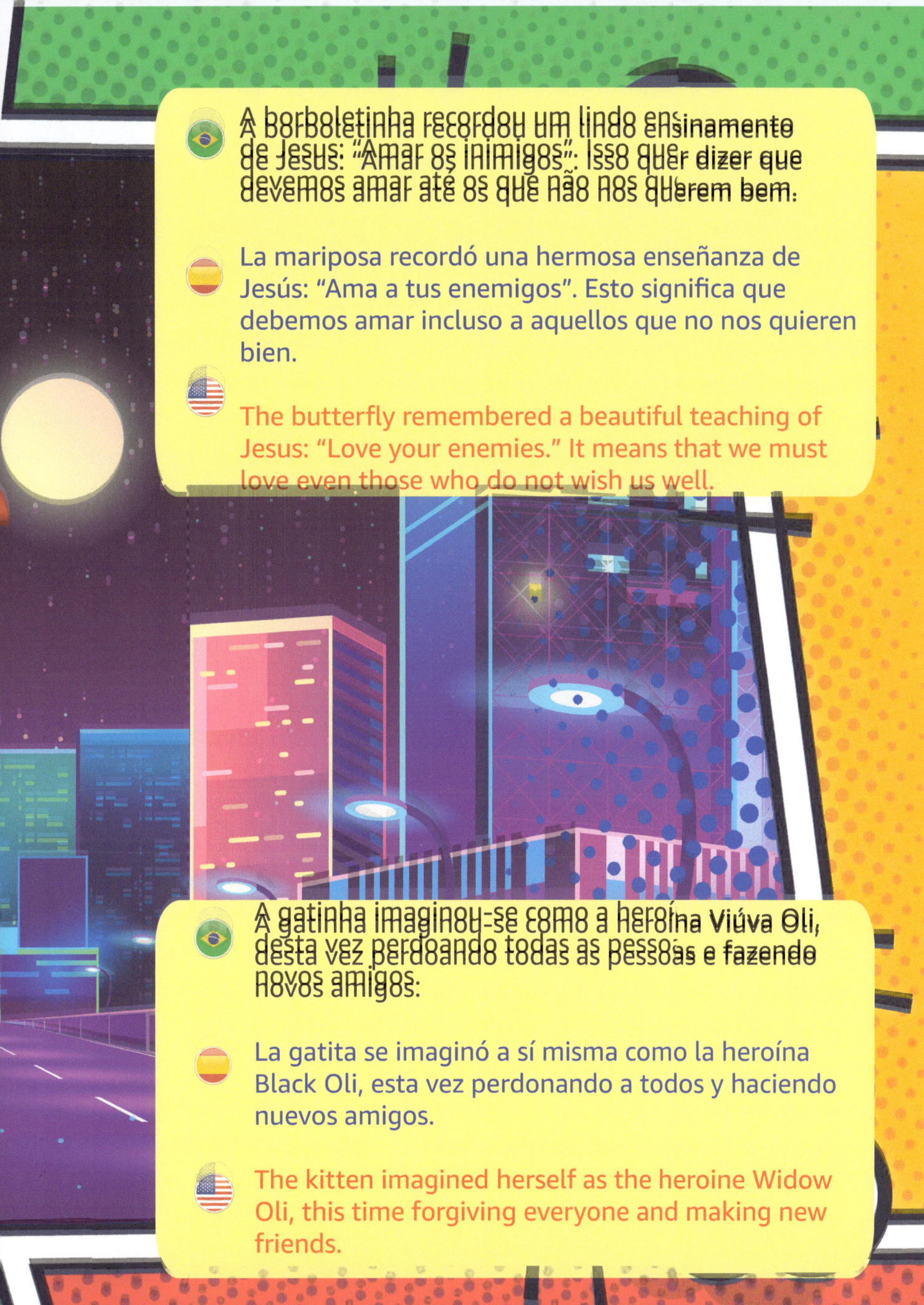

3. Caridade
O cervo contou que, tempos depois, chegou a terceira revelação espiritual, com os Espíritos Superiores. Eles trouxeram os ensinamentos luminosos da caridade.

 3. Caridad
El ciervo contó que, tiempo después, llegó la tercera revelación espiritual, con los Espíritus Superiores. Ellos trajeron las luminosas enseñanzas de la caridad.

 3. Charity
The deer told them that sometime later, the third spiritual revelation arrived with the Superior Spirits. They brought the luminous teachings of charity.

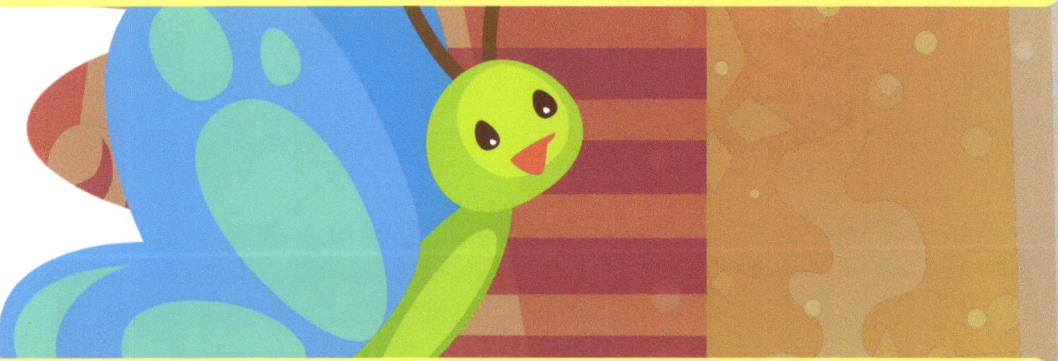

 Allan Kardec colocou essas lições em livros, de forma ordenada, e ficou conhecido como Codificador.
Oli se imaginou ao lado do professor Allan Kardec, aprendendo mais sobre a caridade.

Allan Kardec colocó estas lecciones en libros, de manera ordenada, y se lo conoce como Codificador. Oli se imaginó a sí misma al lado del profesor Allan Kardec, aprendiendo más sobre la caridad.

Allan Kardec wrote these lessons in books in an orderly way and became known as the Codifier. Oli imagined herself beside Professor Allan Kardec, learning more about charity.

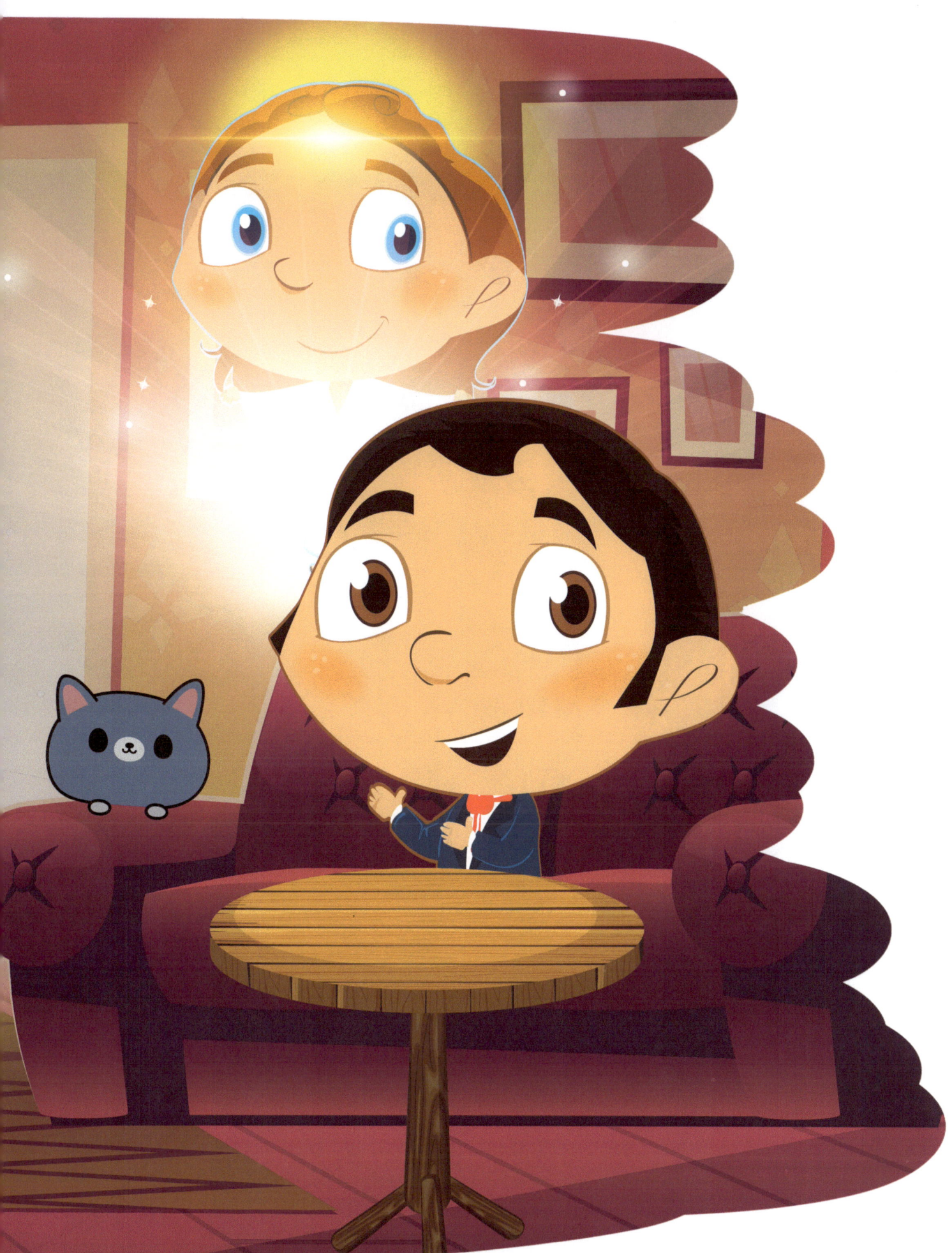

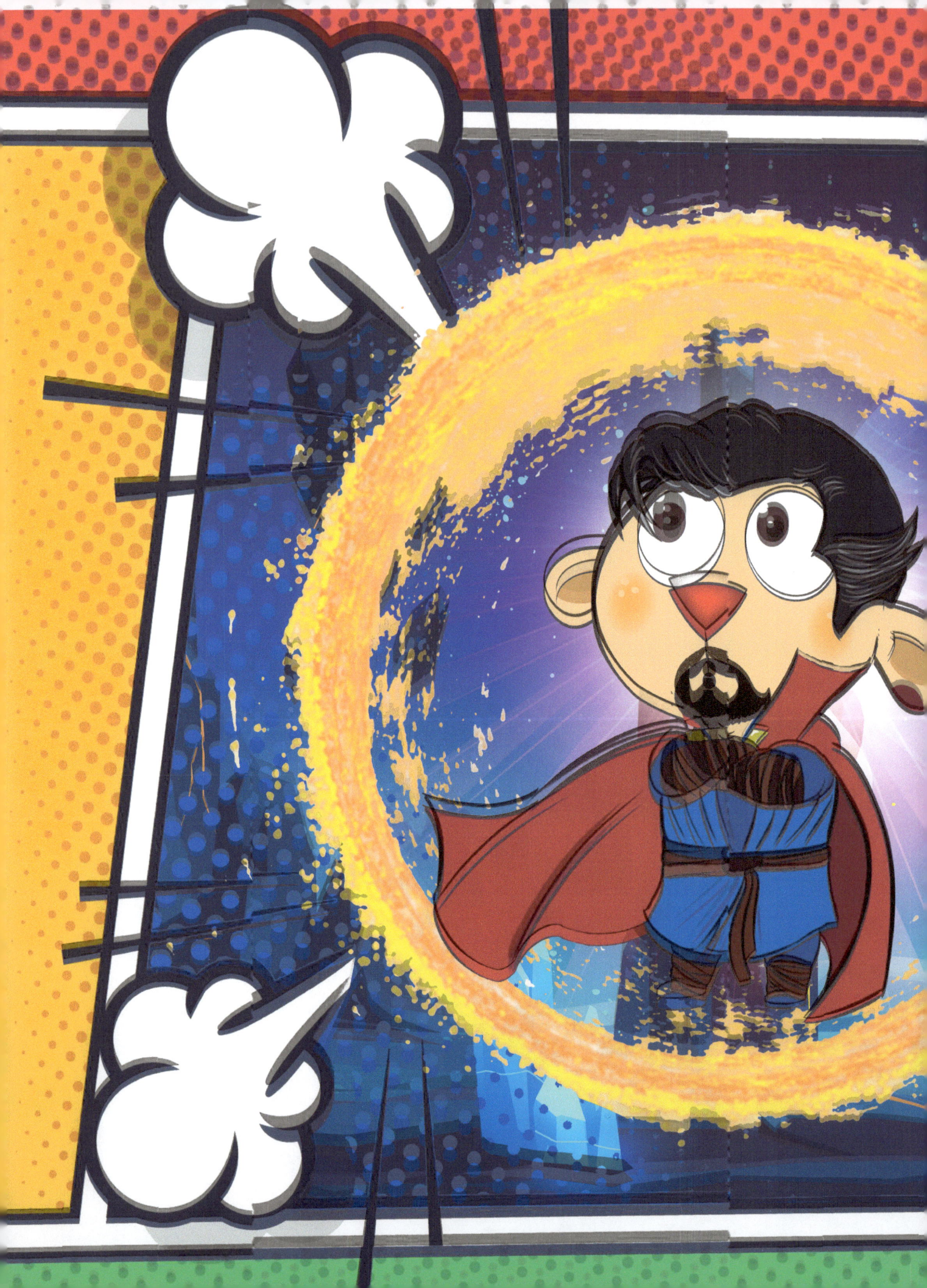

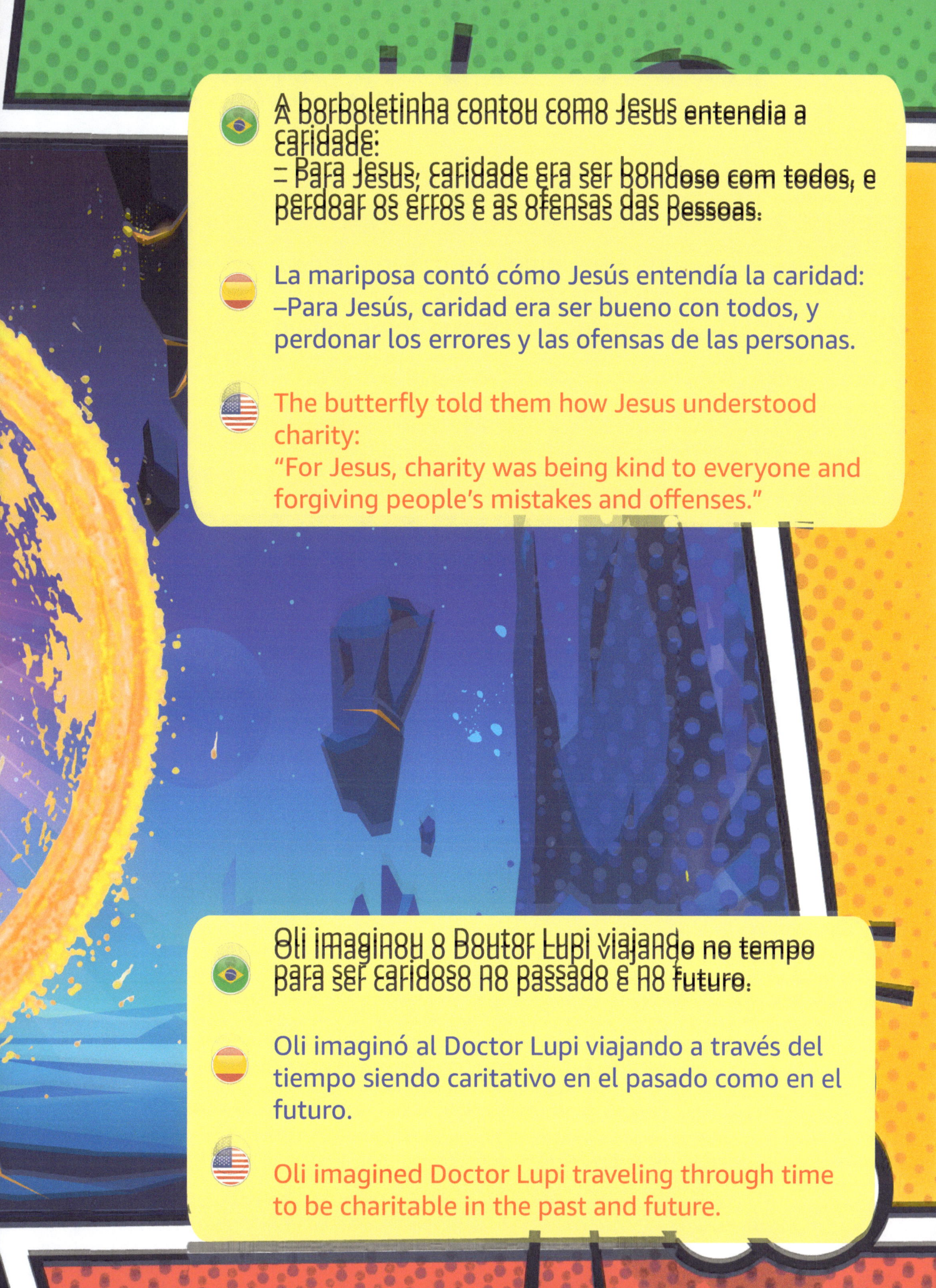

🇧🇷 A borboletinha contou como Jesus entendia a caridade:
— Para Jesus, caridade era ser bondoso com todos, e perdoar os erros e as ofensas das pessoas.

🇪🇸 La mariposa contó cómo Jesús entendía la caridad:
—Para Jesús, caridad era ser bueno con todos, y perdonar los errores y las ofensas de las personas.

🇺🇸 The butterfly told them how Jesus understood charity:
"For Jesus, charity was being kind to everyone and forgiving people's mistakes and offenses."

🇧🇷 Oli imaginou o Doutor Lupi viajando no tempo para ser caridoso no passado e no futuro.

🇪🇸 Oli imaginó al Doctor Lupi viajando a través del tiempo siendo caritativo en el pasado como en el futuro.

🇺🇸 Oli imagined Doctor Lupi traveling through time to be charitable in the past and future.

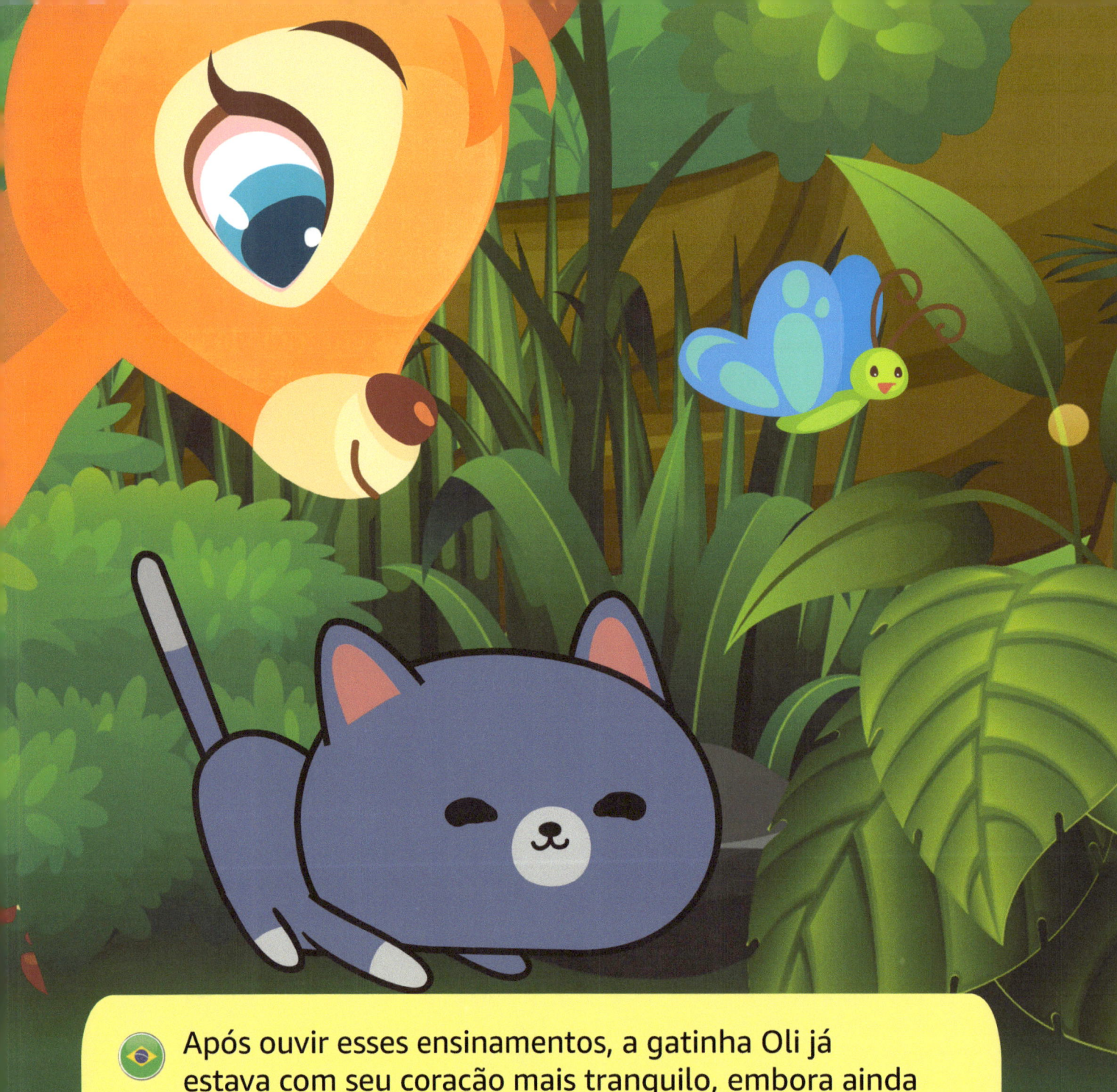

🇧🇷 Após ouvir esses ensinamentos, a gatinha Oli já estava com seu coração mais tranquilo, embora ainda lamentasse:
– Miau, miau... Mas e as minhas cenouras?

🇪🇸 Tras escuchar estas enseñanzas, la gatita Oli ya estaba con el corazón más tranquilo, aunque todavía se lamentaba:
–Miau, miau ... Pero ... ¿Y mis zanahorias?

🇺🇸 After listening to these teachings, the kitten Oli already had a calmer heart, although she still lamented:
"Meow, meow... But what about my carrots?"

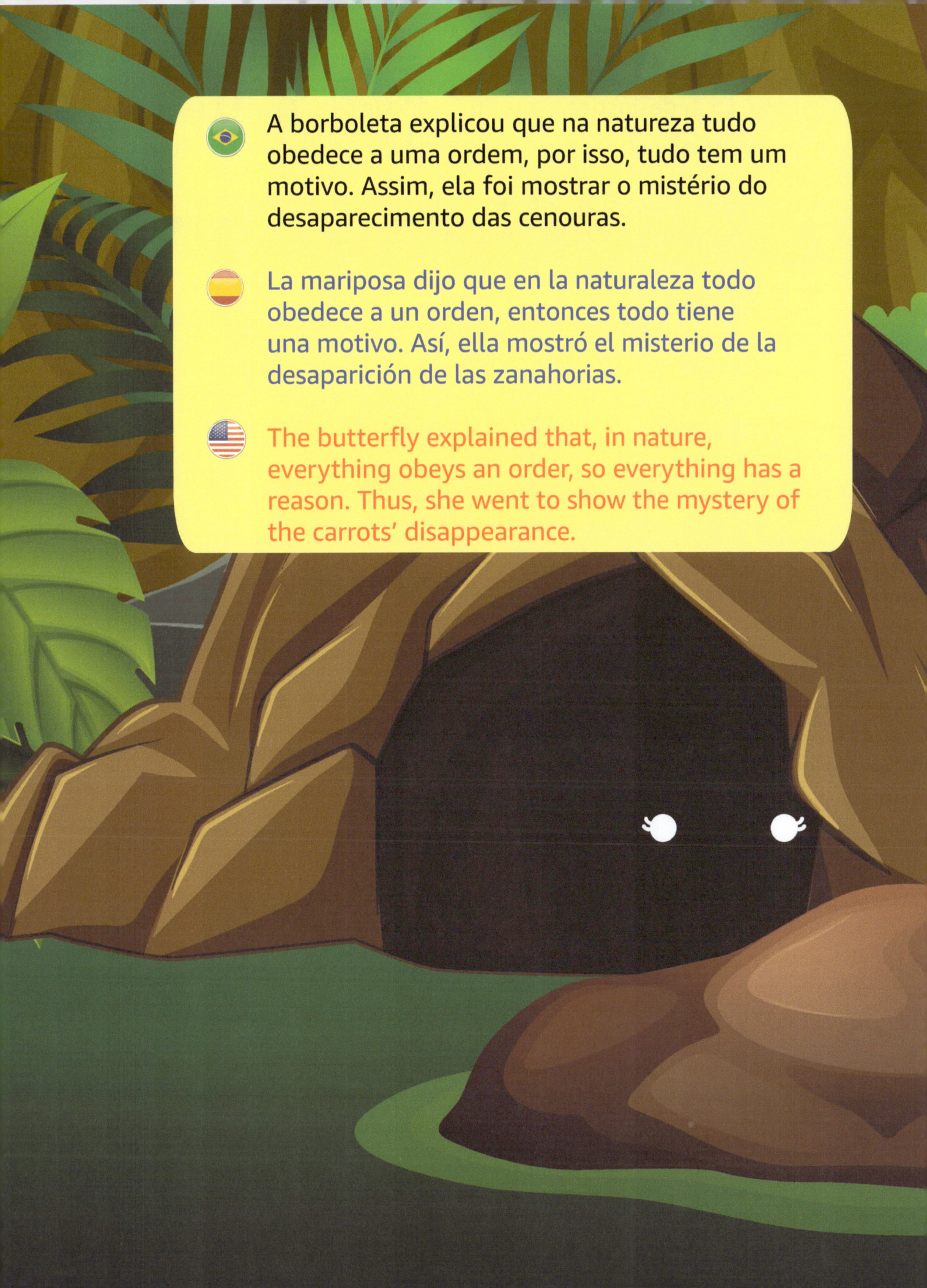

= A Lei de Justiça, Amor e Caridade se estende a todas as mães, para que amem seus filhos – falou o cervo. = E vejam o que aconteceu.
O cervo mostrou que, enquanto Oli e Lupi passeavam, uma mamãe coelha tinha pegado as cenouras deixadas, para dar de comer aos seus filhotes fofinhos.
= Ela não fez por mal – falou a borboleta. – Ela pensou que a comida tinha sido abandonada ali.
Agora, com o mistério das cenouras resolvido, Lupi e Oli pediram desculpas aos amigos da floresta.

–La Ley de Justicia, Amor y Caridad se extendie en todas las madres, para que amen a sus hijos –dijo el ciervo.– Y mira lo que pasó.
El venado mostró que, mientras Oli y Lupi caminaban, una madre conejo recogió las zanahorias sobrantes para alimentar a sus mimosos hijitos.
–Pero ella no lo hizo por mal –dijo la mariposa.– Ella pensó que era comida abandonada.
Ahora, con el misterio de las zanahorias resuelto, Lupi y Oli se disculparon con sus amigos del bosque.

"The Law of Justice, Love, and Charity extends to all mothers, so that they love their children," said the deer. "And look what happened."
The deer showed that while Oli and Lupi were strolling, a mother rabbit had picked up the carrots to feed her fluffy babies.
"She did not do it on purpose," said the butterfly. "She thought the food had been abandoned there."
Now, with the mystery of the carrots solved, Lupi and Oli apologized to their forest friends.

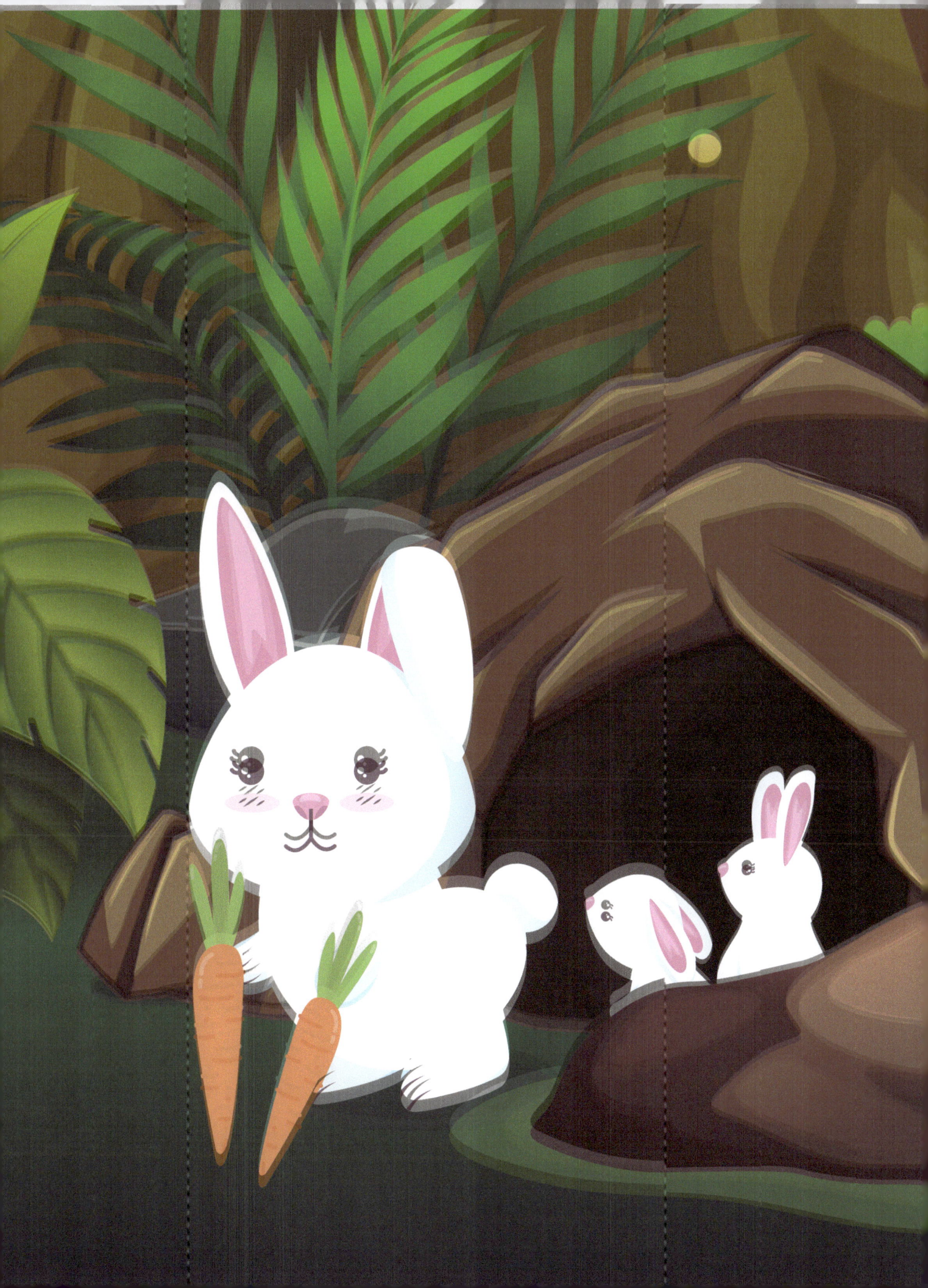

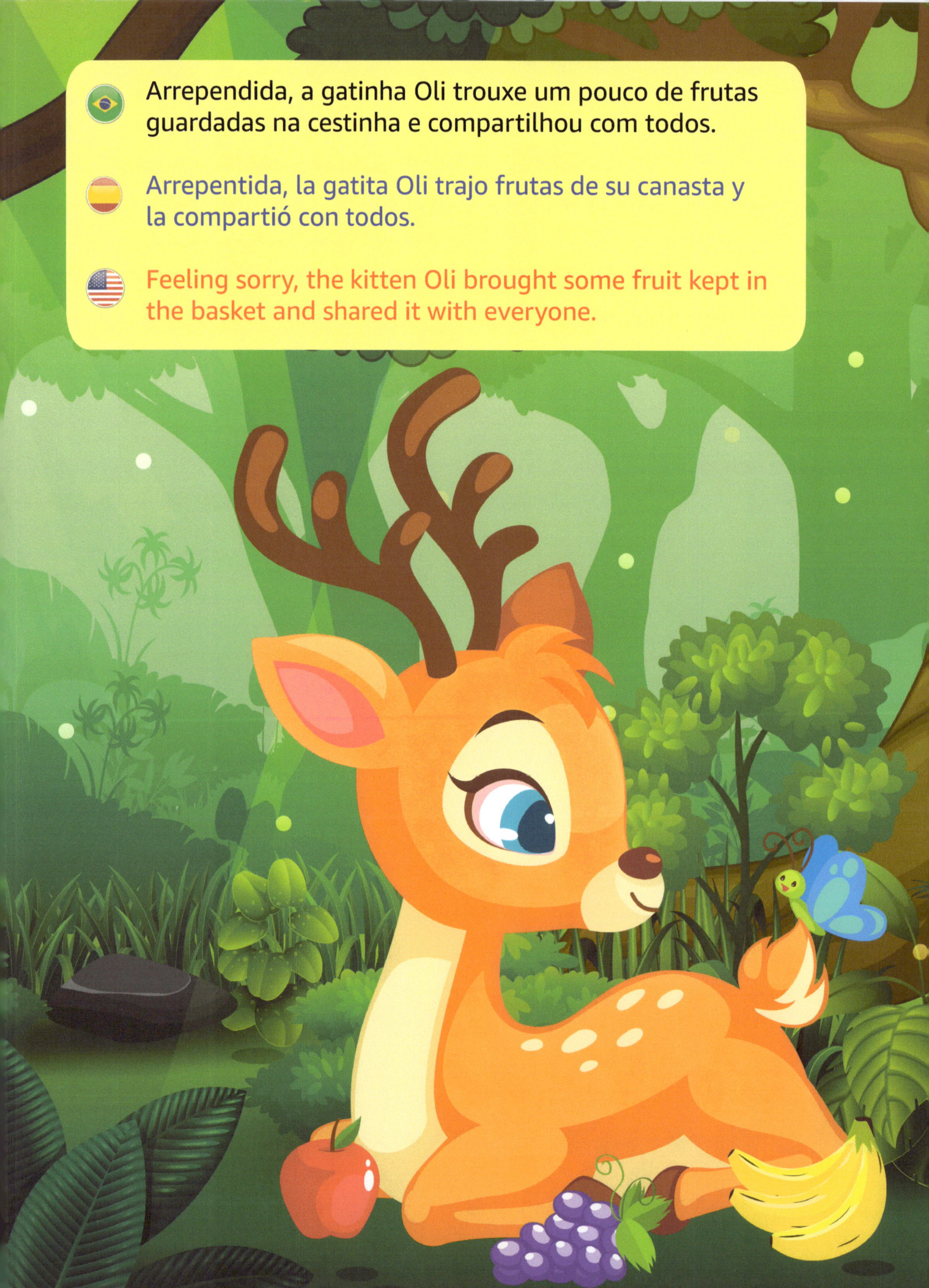

🇧🇷 Arrependida, a gatinha Oli trouxe um pouco de frutas guardadas na cestinha e compartilhou com todos.

🇪🇸 Arrepentida, la gatita Oli trajo frutas de su canasta y la compartió con todos.

🇺🇸 Feeling sorry, the kitten Oli brought some fruit kept in the basket and shared it with everyone.

🇧🇷 Assim, nossos amigos se despediram, dizendo:
– Até mais! Agora sabemos que devemos ser justos, amorosos e caridosos.

🇪🇸 De esa manera nuestros amigos se despidieron diciendo:
–¡Hasta luego! Ahora sabemos que debemos ser justos, amorosos y caritativos.

🇺🇸 Thus, our friends took their leave, saying:
"See you later! Now we know that we are to be just, loving, and charitable."

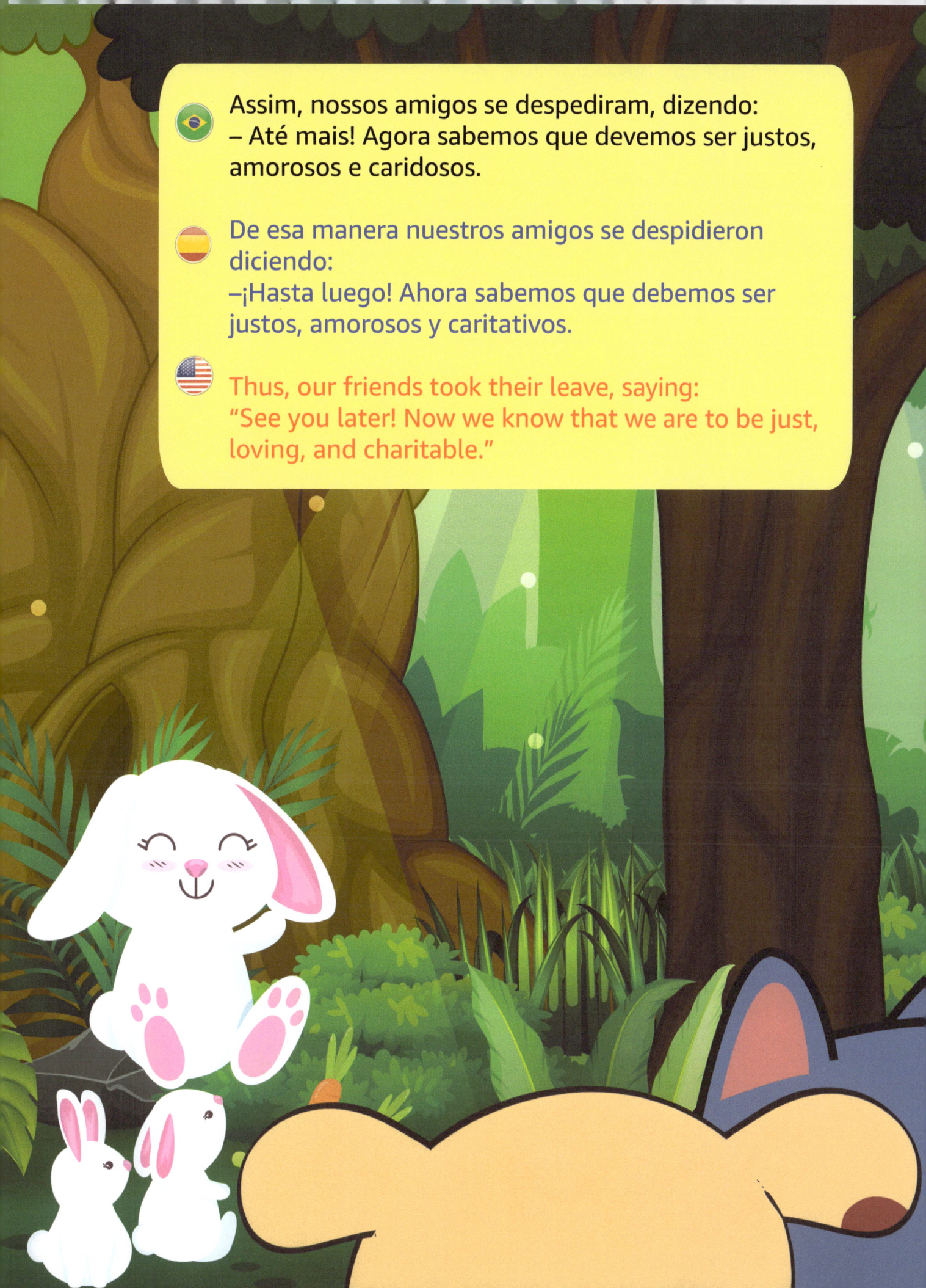

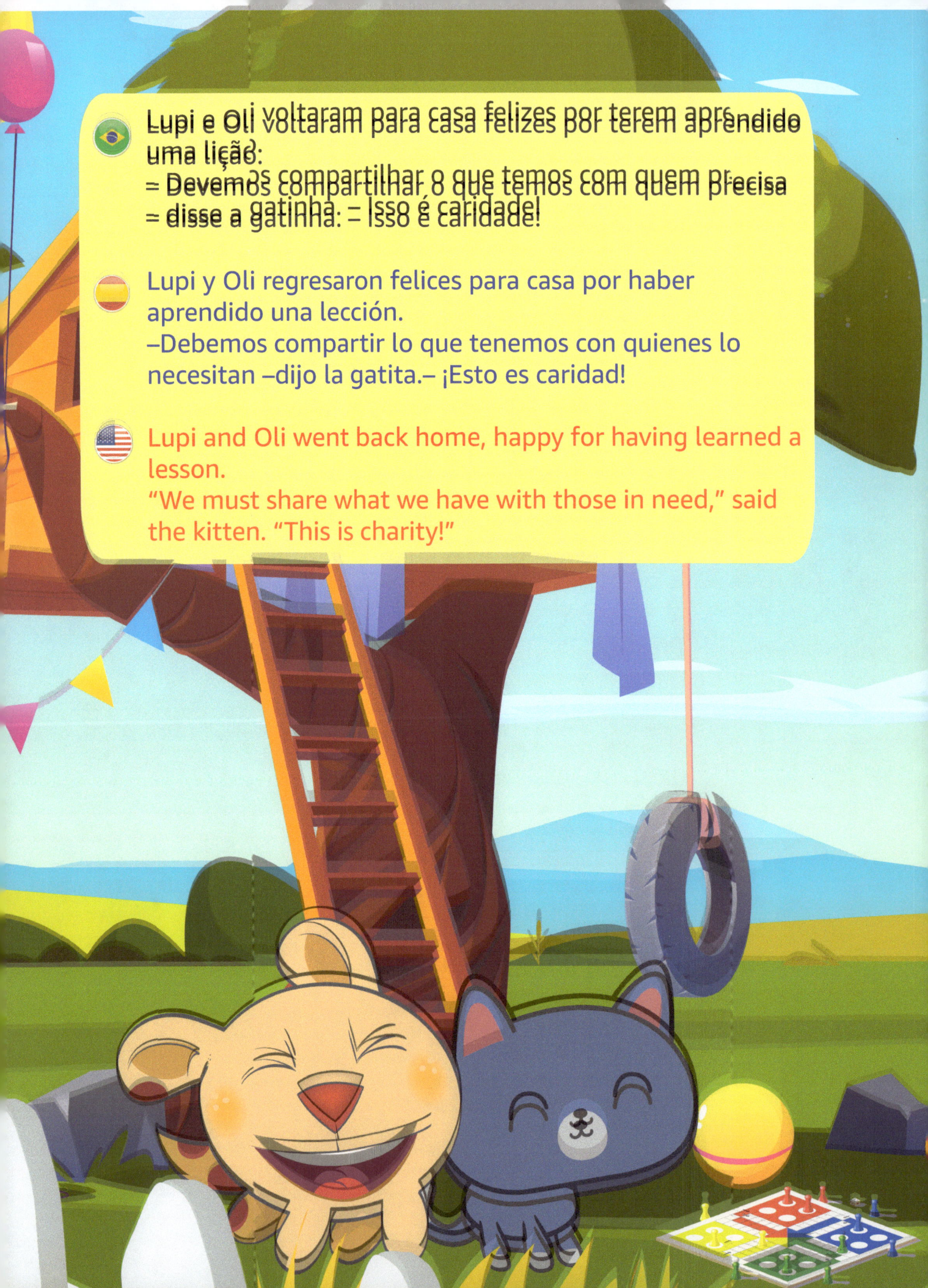

🇧🇷 Lupi e Oli voltaram para casa felizes por terem aprendido uma lição:
– Devemos compartilhar o que temos com quem precisa – disse a gatinha: – Isso é caridade!

🇪🇸 Lupi y Oli regresaron felices para casa por haber aprendido una lección.
–Debemos compartir lo que tenemos con quienes lo necesitan –dijo la gatita.– ¡Esto es caridad!

🇺🇸 Lupi and Oli went back home, happy for having learned a lesson.
"We must share what we have with those in need," said the kitten. "This is charity!"

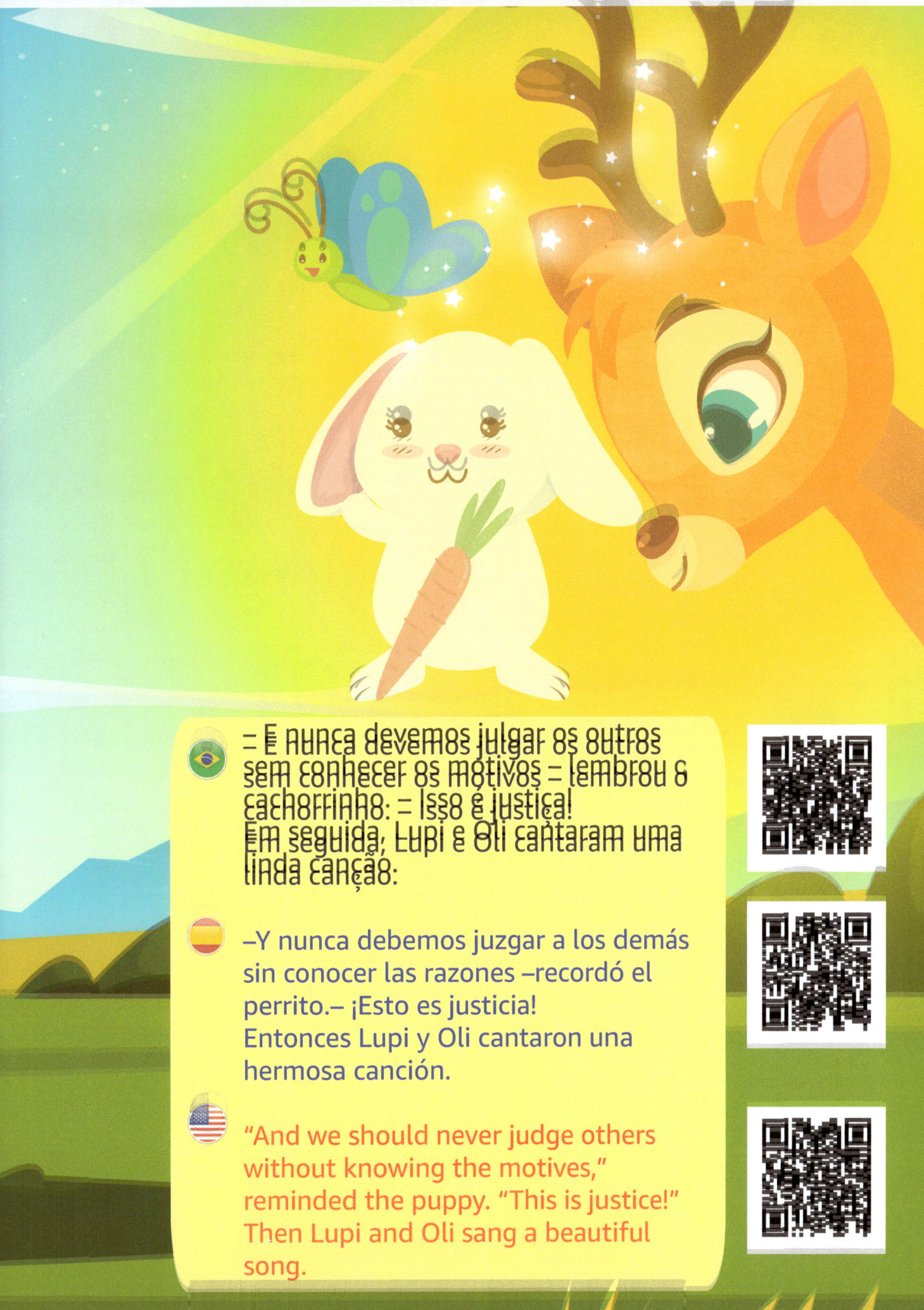

🇧🇷 – E nunca devemos julgar os outros sem conhecer os motivos – lembrou o cachorrinho: – Isso é justiça!
Em seguida, Lupi e Oli cantaram uma linda canção:

🇪🇸 –Y nunca debemos juzgar a los demás sin conocer las razones –recordó el perrito.– ¡Esto es justicia!
Entonces Lupi y Oli cantaron una hermosa canción.

🇺🇸 "And we should never judge others without knowing the motives," reminded the puppy. "This is justice!"
Then Lupi and Oli sang a beautiful song.

Glossário

Lei de Justiça, Amor e Caridade: uma Lei de Deus ou Lei da Natureza.
Justiça: respeitar o direito dos demais.
Amor: querer o bem, até dos inimigos.
Caridade: perdoar as ofensas e compartilhar o que temos com quem precise.

Glosario

Ley de Justicia, Amor y Caridad: una Ley de Dios o Ley de la Naturaleza.
Justicia: respetar los derechos de los demás.
Amor: querer el bien, incluso de los enemigos.
Caridad: Perdonar las ofensas y compartir lo que tenemos con los necesitados.

Glossary

Law of Justice, Love, and Charity: Law of God or Law of Nature.
Justice: respecting the rights of others.
Love: wanting the good, even for the enemies.
Charity: forgive offenses and share what we have with those in need.

Mais informações sobre a Lei de Destruição em:
1. KARDEC, Allan. *O Livro dos Espíritos*. Questões 873-892.

Más informaciones sobre la Ley de Destrucción en:
1. KARDEC, Allan. *El Libro de los Espíritos*. Preguntas 873-892.

More information about Destruction Law:
1. KARDEC, Allan. *The Spirits' Book*. Questions 873-892.

Mais informações sobre o autor:
Más informaciones sobre el autor:
More information about the author:

www.luishu.com

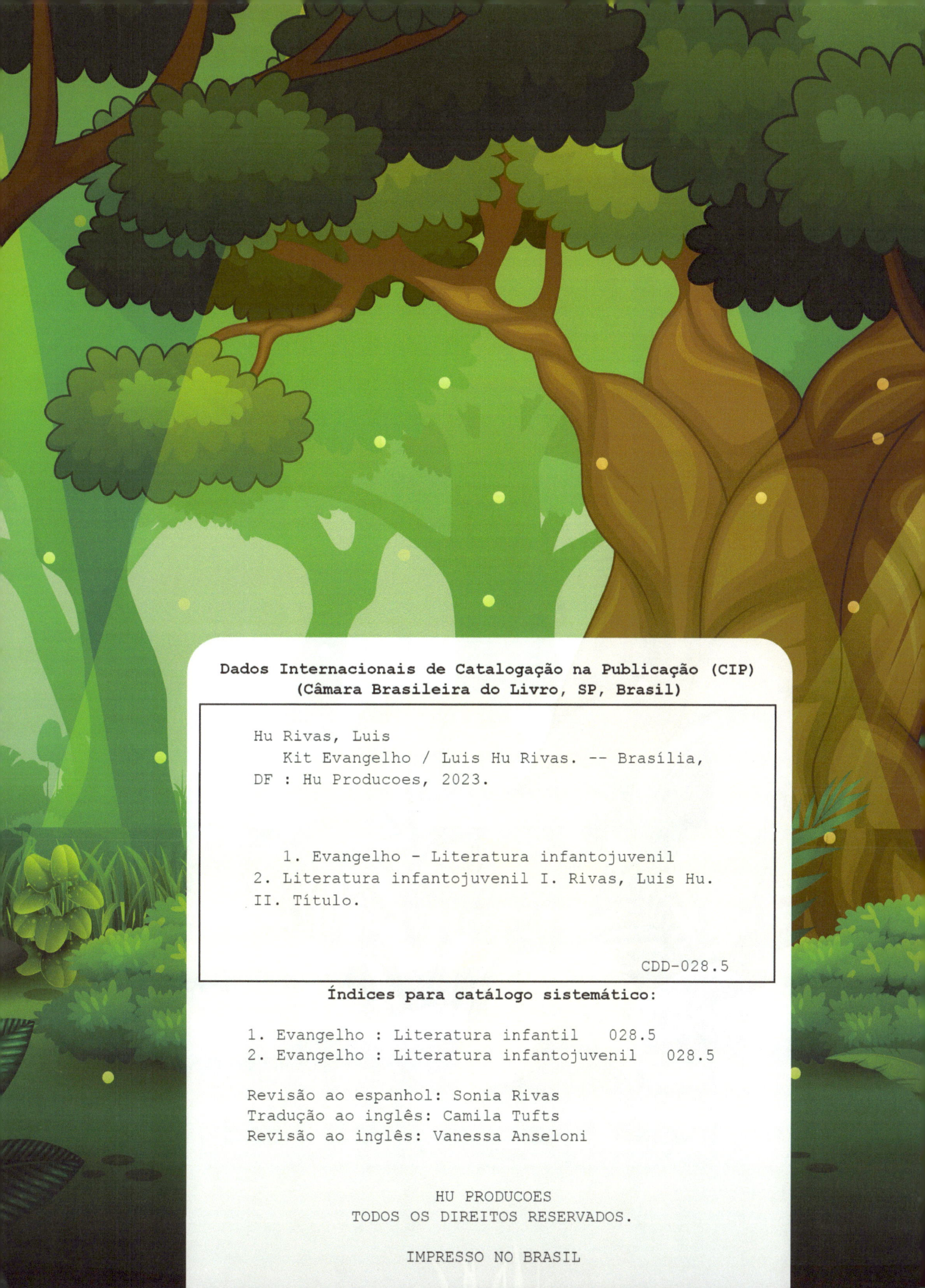

Dados Internacionais de Catalogação na Publicação (CIP)
(Câmara Brasileira do Livro, SP, Brasil)

Hu Rivas, Luis
    Kit Evangelho / Luis Hu Rivas. -- Brasília, DF : Hu Producoes, 2023.

    1. Evangelho - Literatura infantojuvenil
2. Literatura infantojuvenil I. Rivas, Luis Hu.
II. Título.

CDD-028.5

Índices para catálogo sistemático:

1. Evangelho : Literatura infantil   028.5
2. Evangelho : Literatura infantojuvenil   028.5

Revisão ao espanhol: Sonia Rivas
Tradução ao inglês: Camila Tufts
Revisão ao inglês: Vanessa Anseloni

HU PRODUCOES
TODOS OS DIREITOS RESERVADOS.

IMPRESSO NO BRASIL

Consegue encontrar as imagens?
¿Puedes encontrar las imágenes?
Can you find the images?

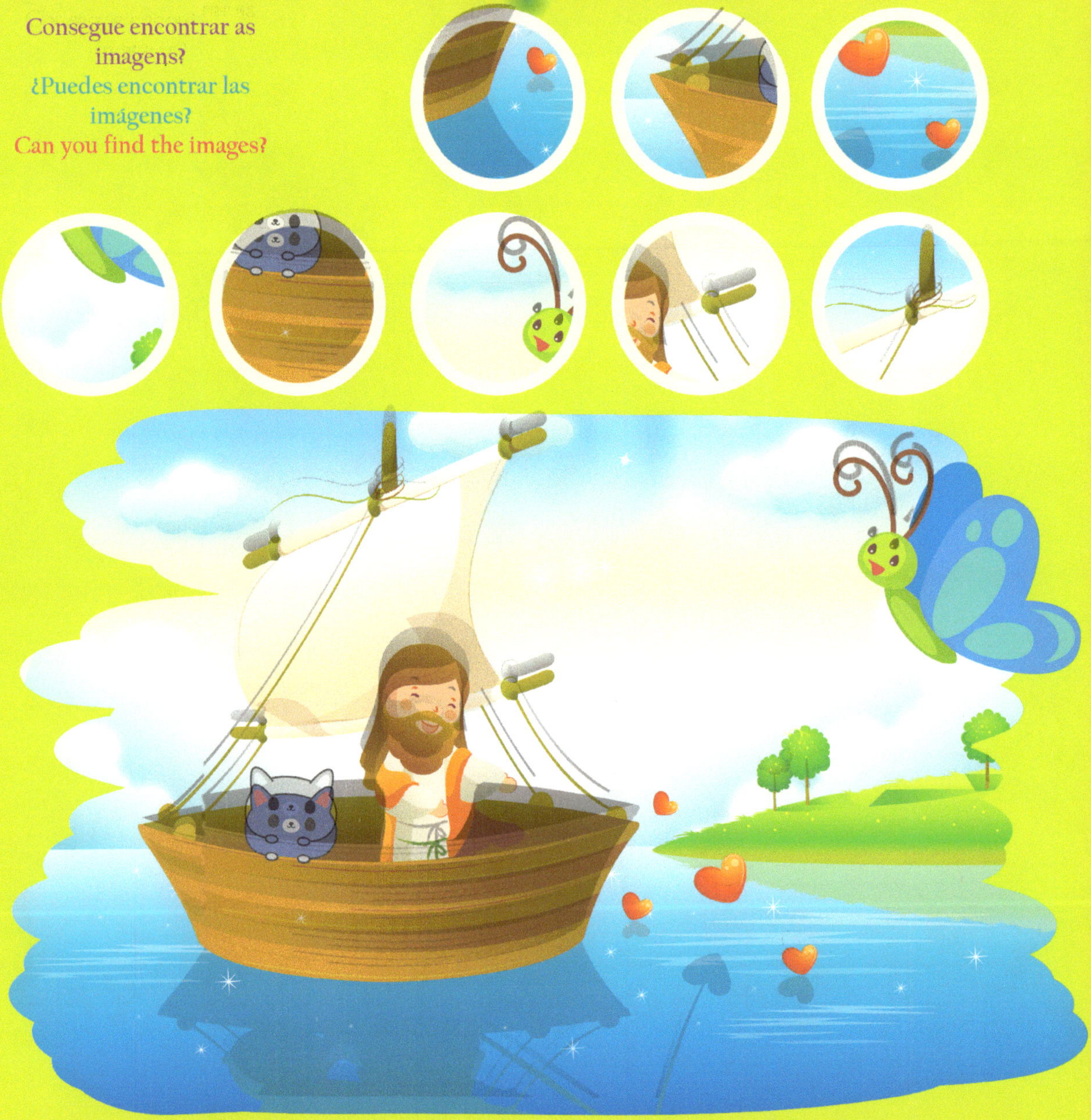

Labirinto - Laberinto - Maze

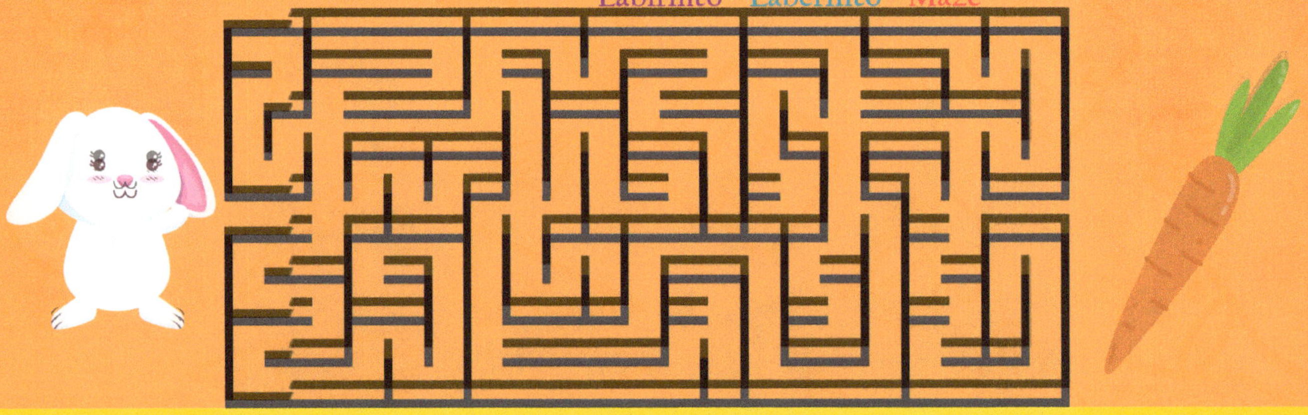

WWW.KITEVANGELHO.COM

Observe os desenhos e encontre as DEZ diferenças existentes entre eles.

Mira los dibujos y encuentre las 10 diferencias entre ellos.

Look at the drawings and find the 10 differences between them.

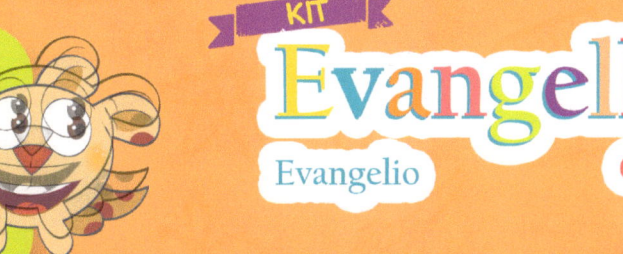

KIT
Evangelho
Evangelio Gospel

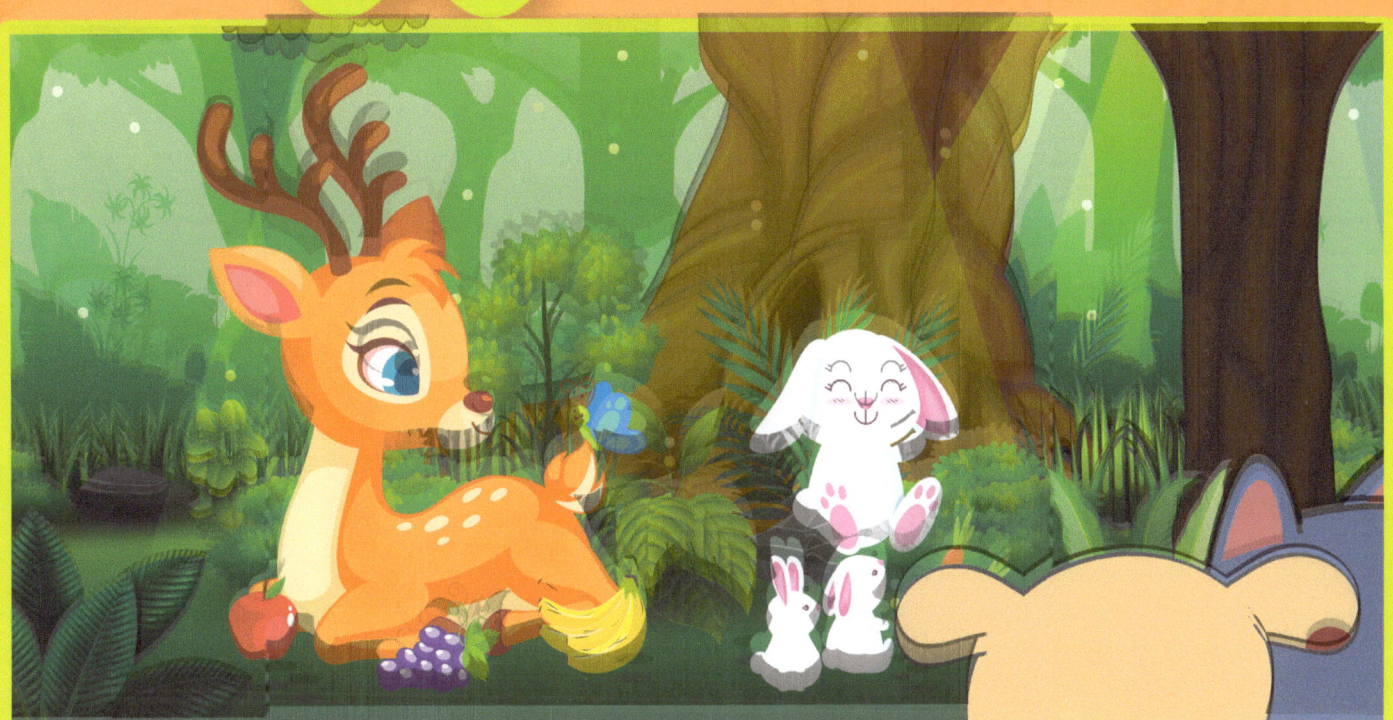

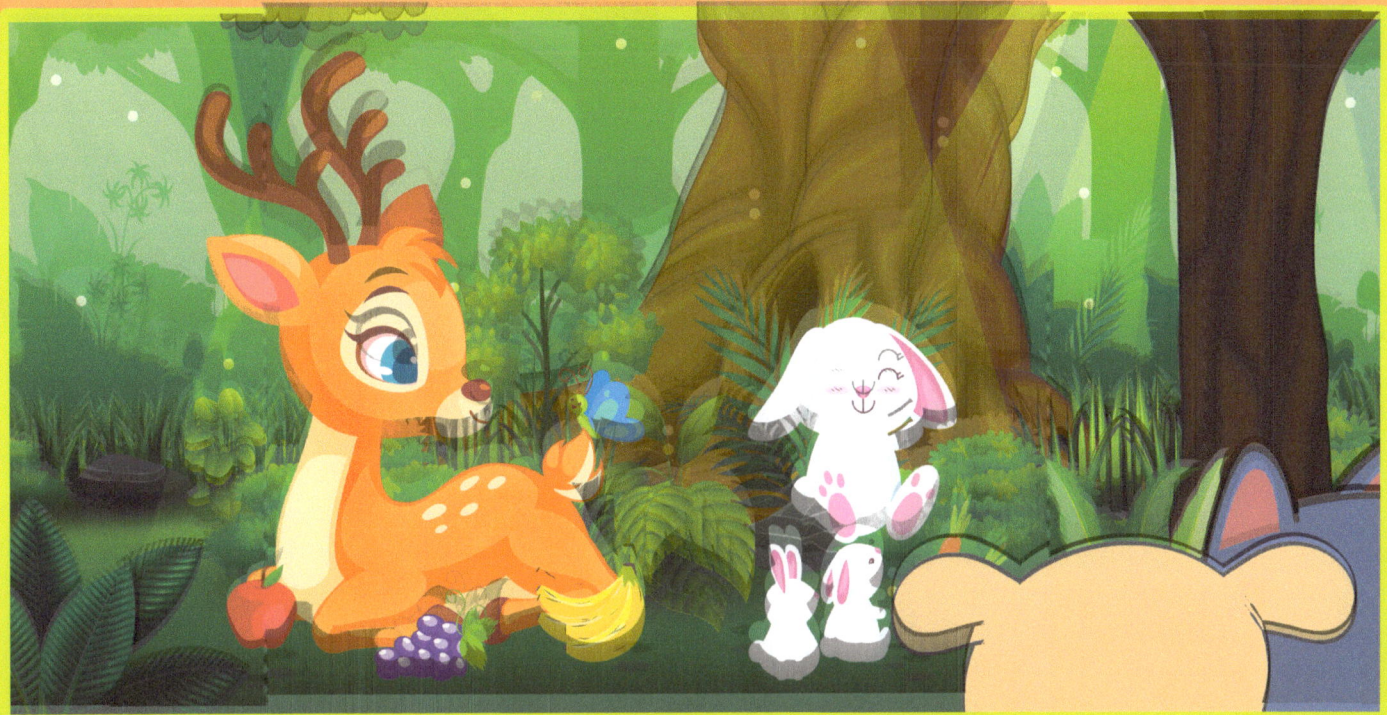

Quem sou eu? ¿Qué Soy Yo? Who is it?

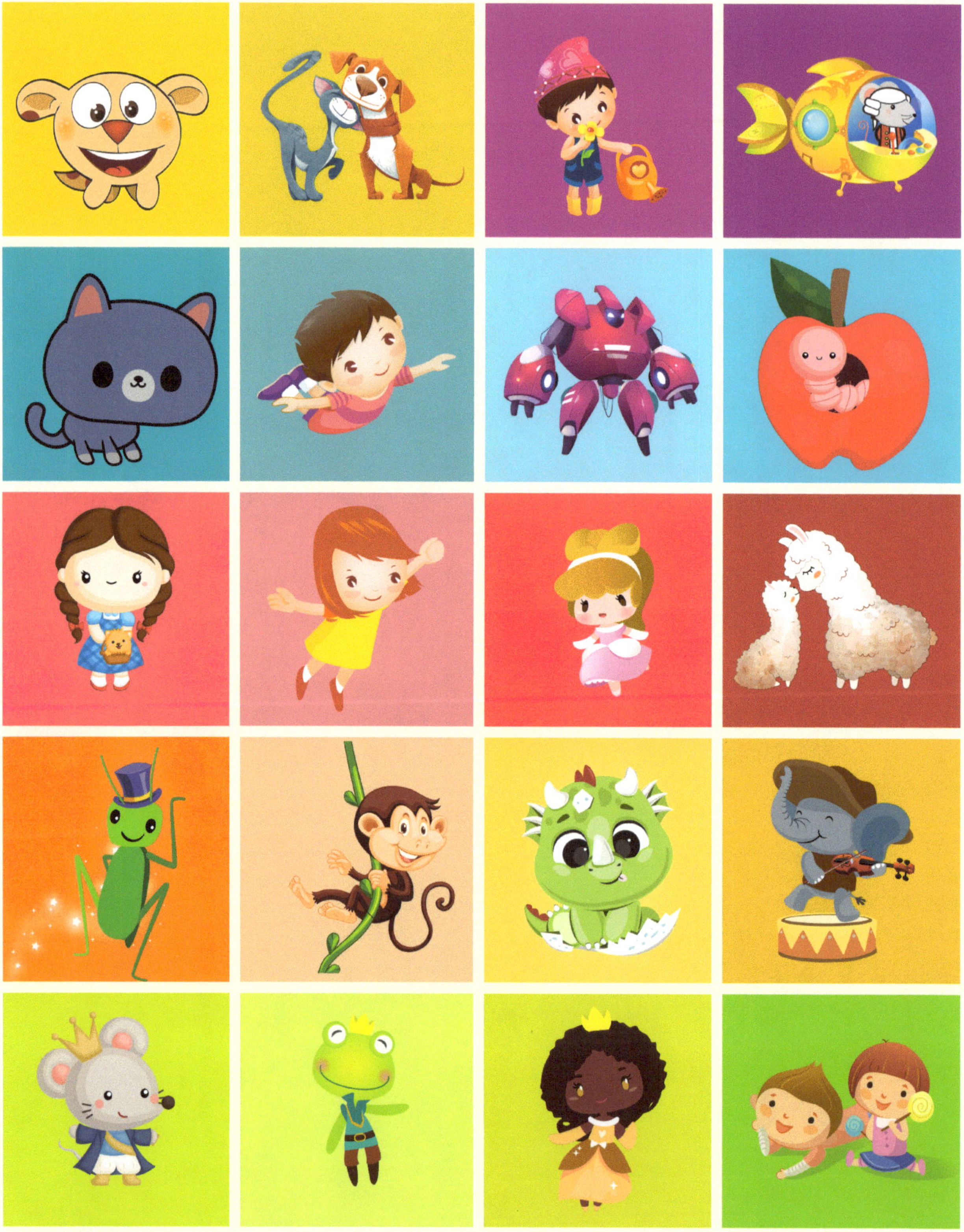

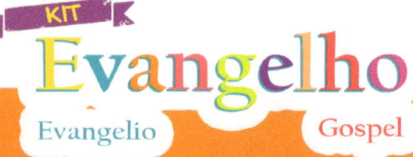

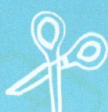

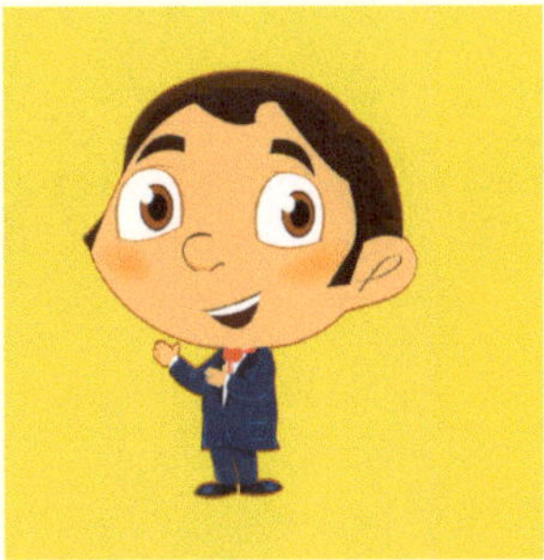

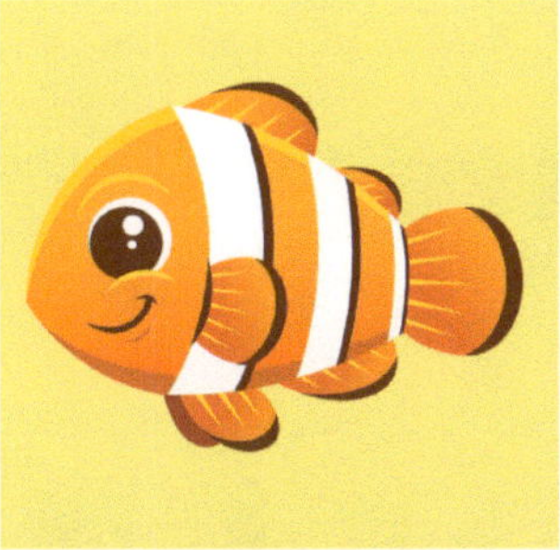

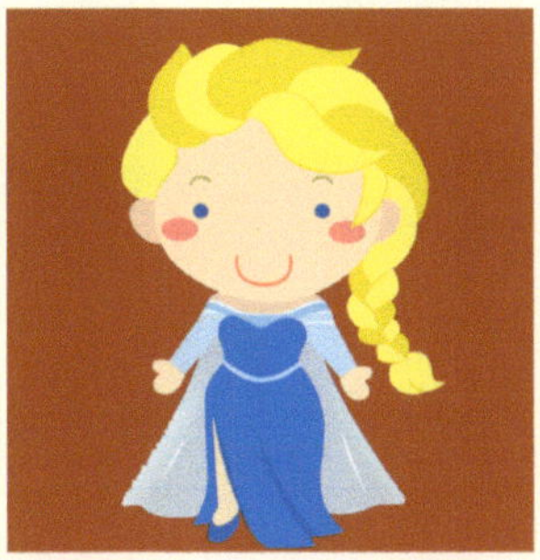

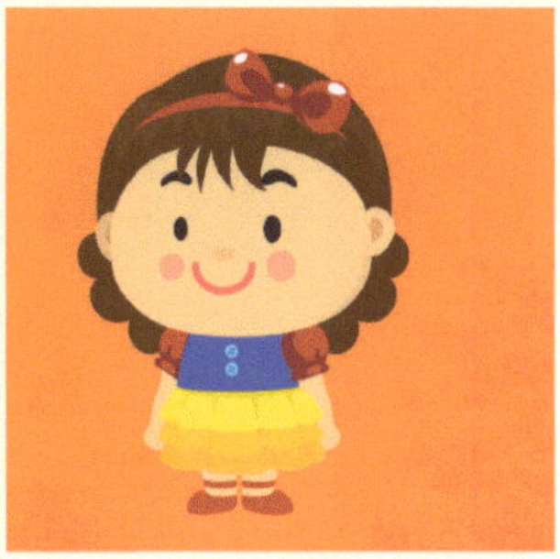

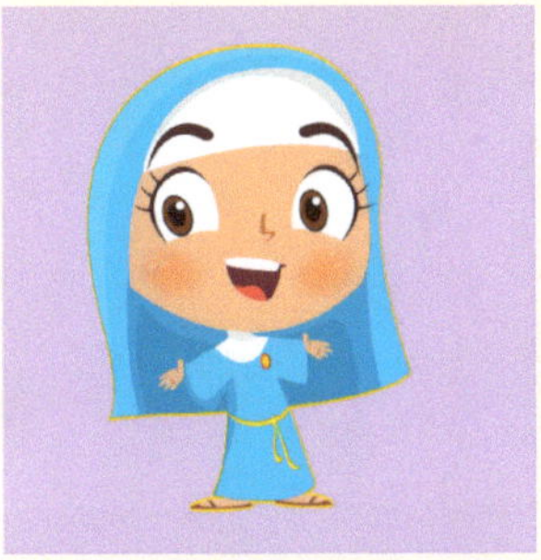

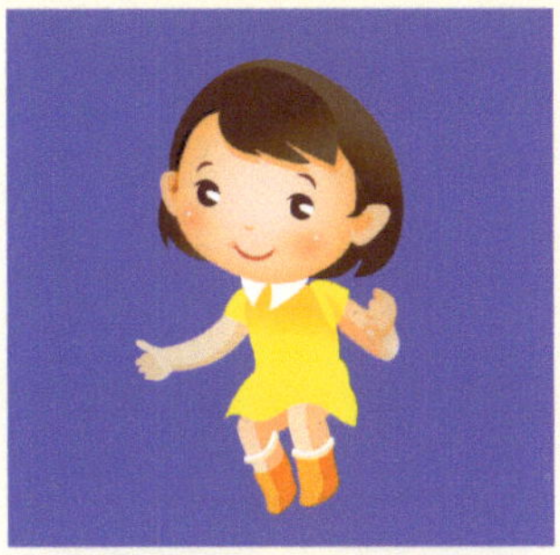

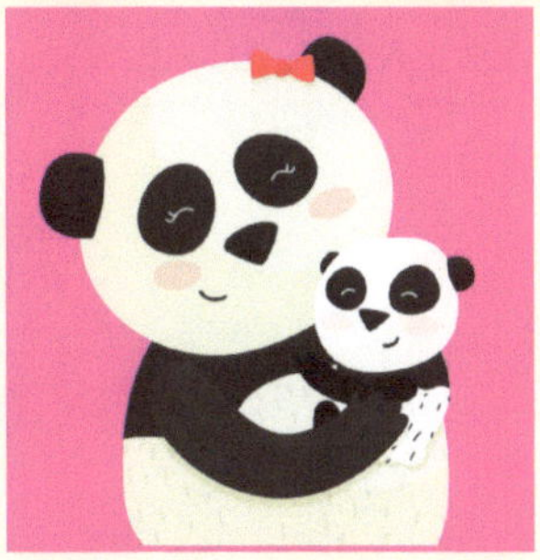

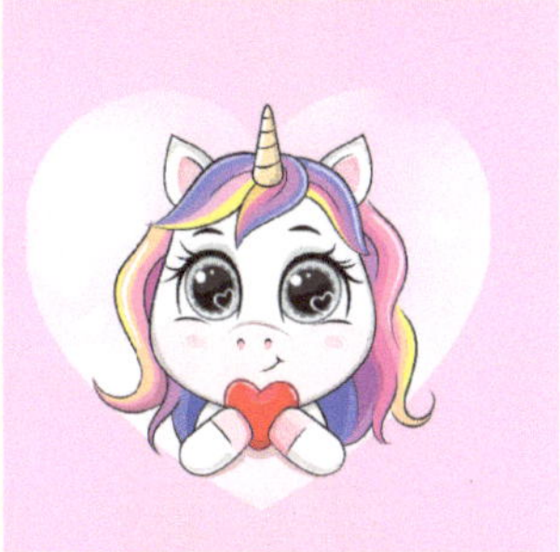

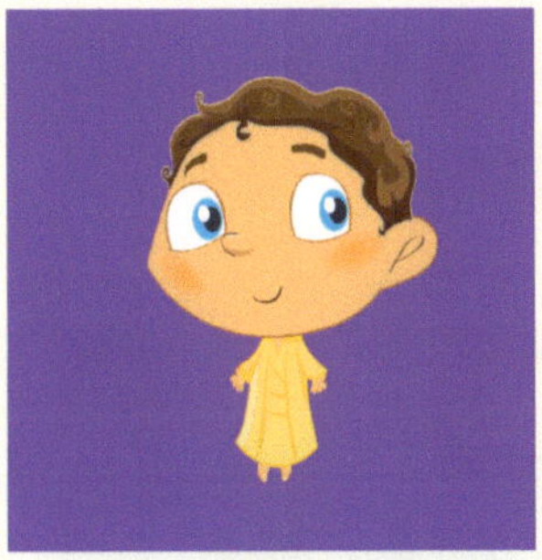

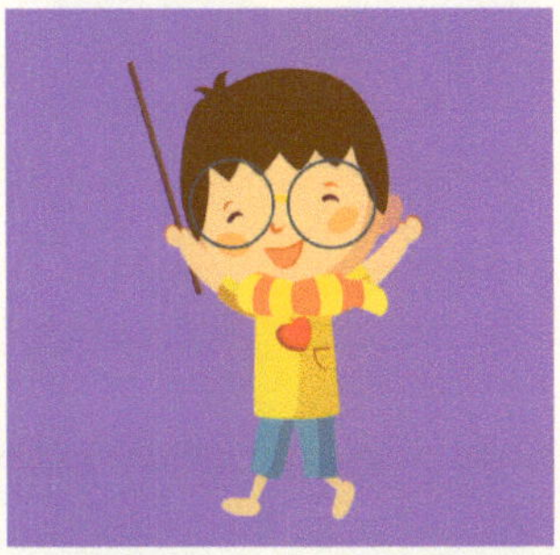

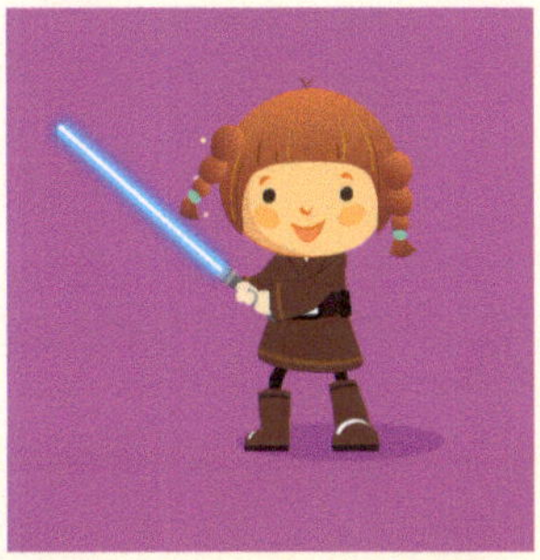

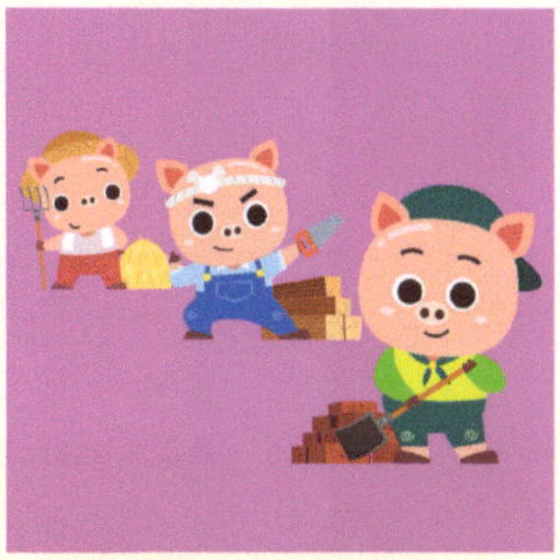

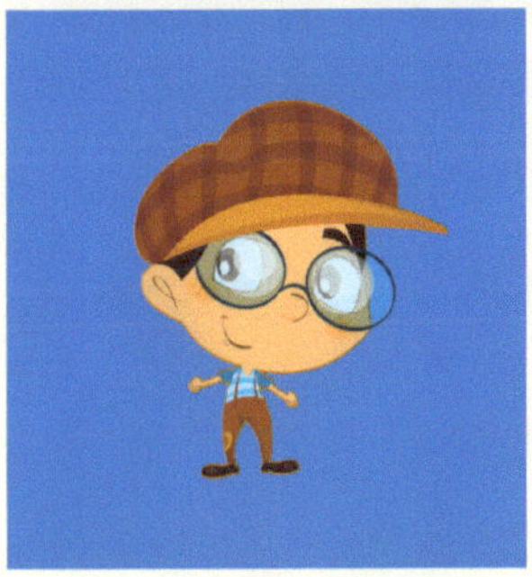

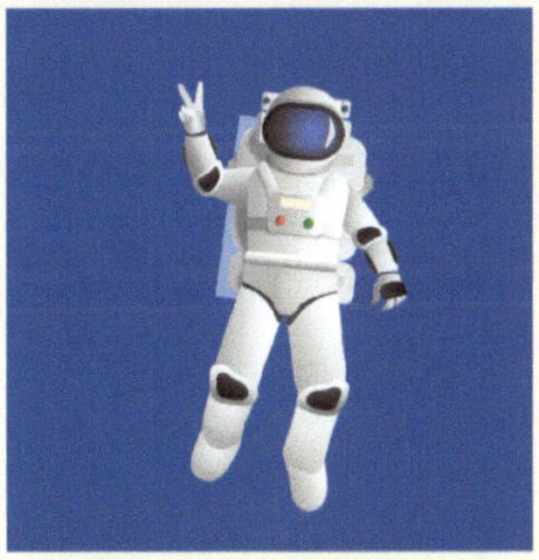

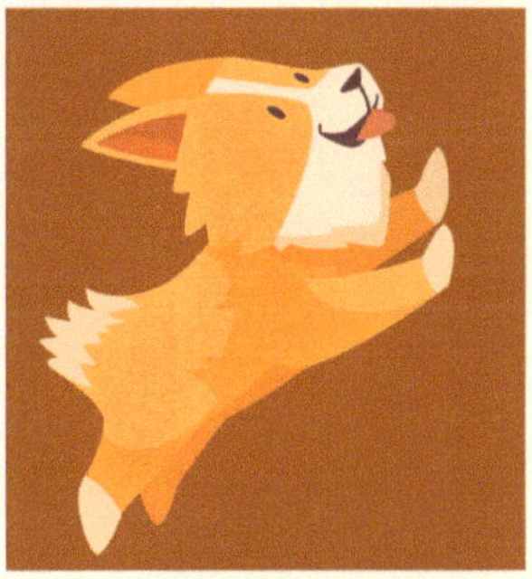

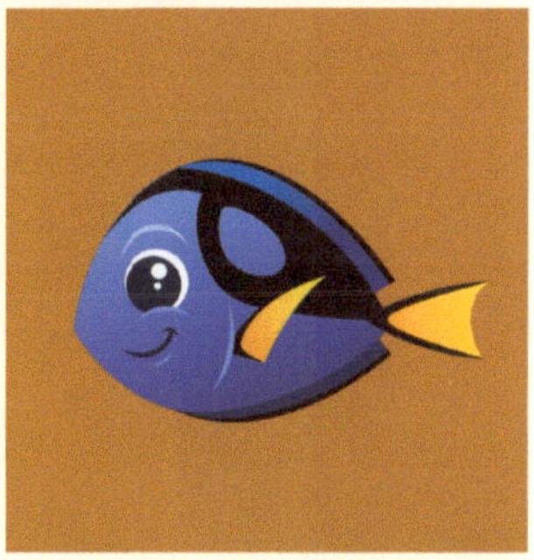

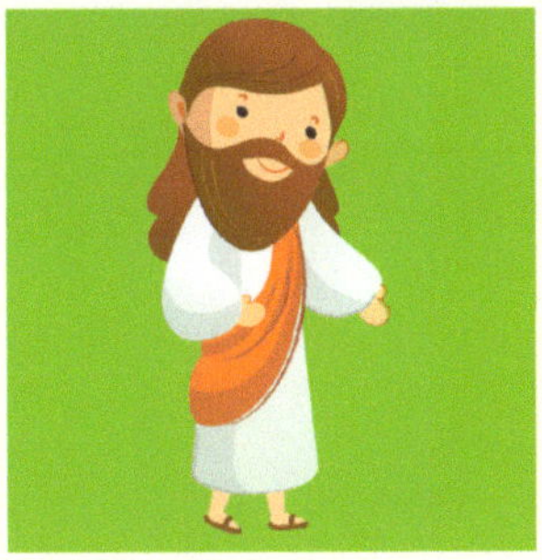

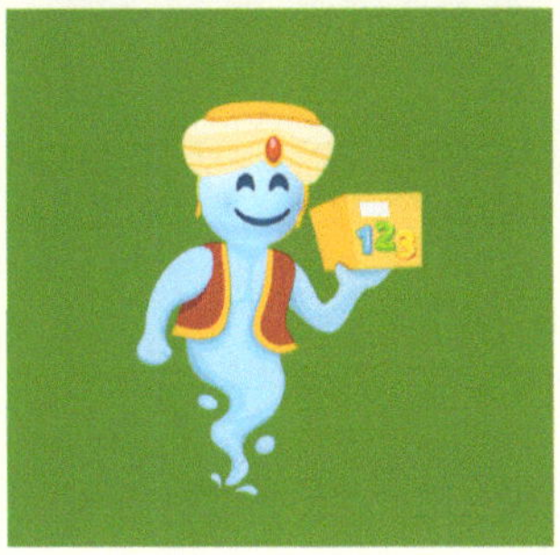

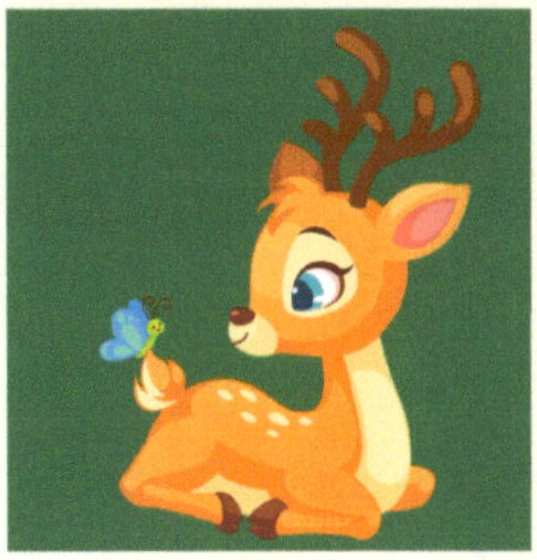

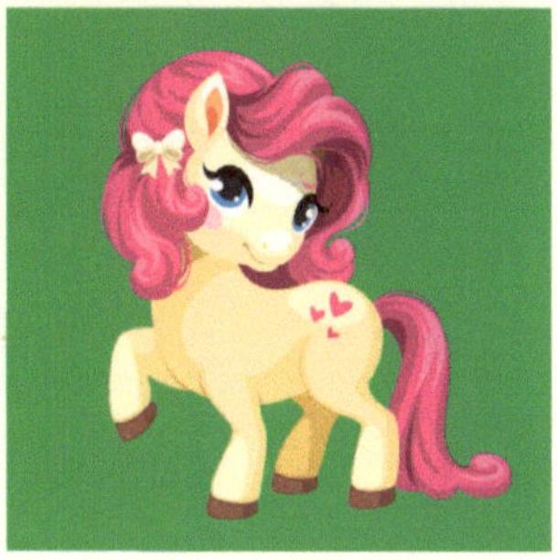

WWW.KITEVANGELHO.COM
KE 36.5

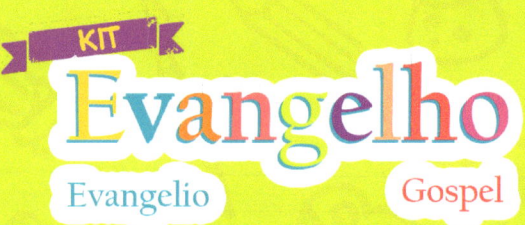

KIT Evangelho
Evangelio — Gospel

A Lei de Justiça, Amor e Caridade demostra o amor de Deus para com todos.
La Ley de Justicia, Amor y Caridad demuestra el amor de Dios por todos.
The Law of Justice, Love and Charity demonstrates God's love for everyone.

Copie o desenho - Copia el dibujo - Copy the picture.

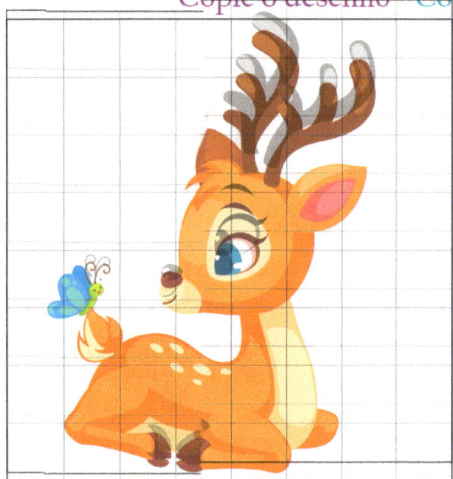
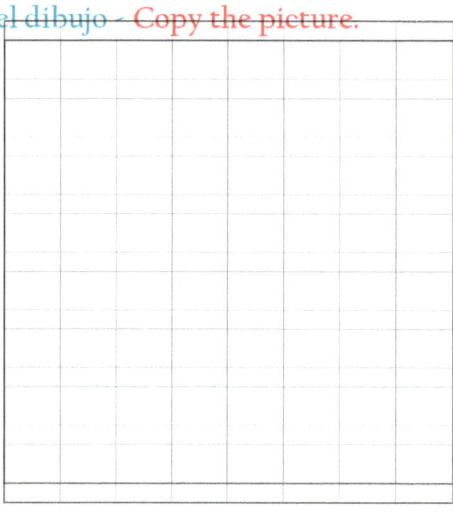
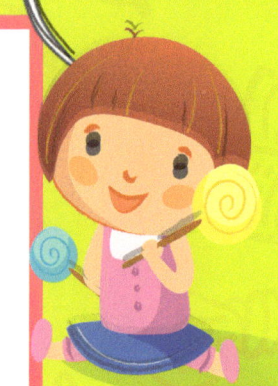

Colorir - Colorear - Color

Qual será o nome do amigo de Lupi?
¿Cómo se llama el amigo de Lupi?
What's the name of Lupi's friend?

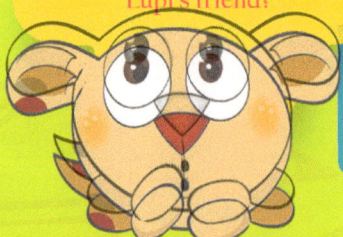
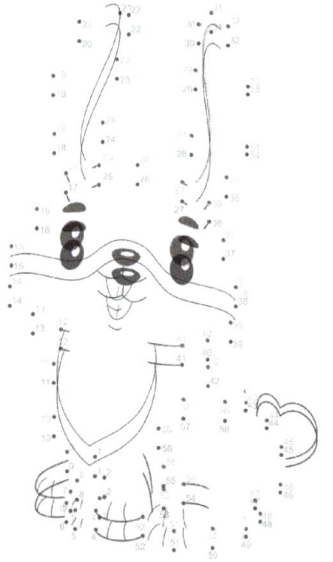

Nome:
Nombre:
Name:

www.kitevangelho.com

Caça-palavras - Pupiletras - Word search

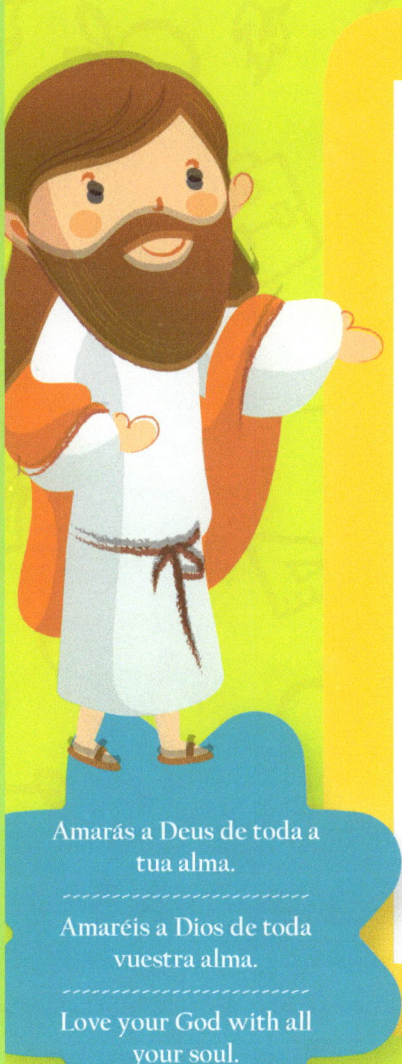

Amarás a Deus de toda a tua alma.

Amaréis a Dios de toda vuestra alma.

Love your God with all your soul.

JUSTIÇA	JUSTICIA	JUSTICE
AMOR	AMOR	LOVE
CARIDADE	CARIDAD	CHARITY

Devemos amar e cuidar de todos os seres.
Debemos amar y cuidar de todos los seres.
We must love and take care of all beings.

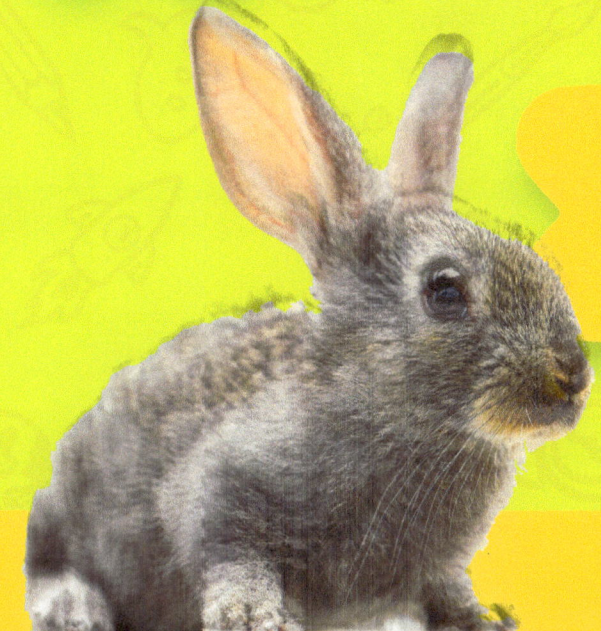

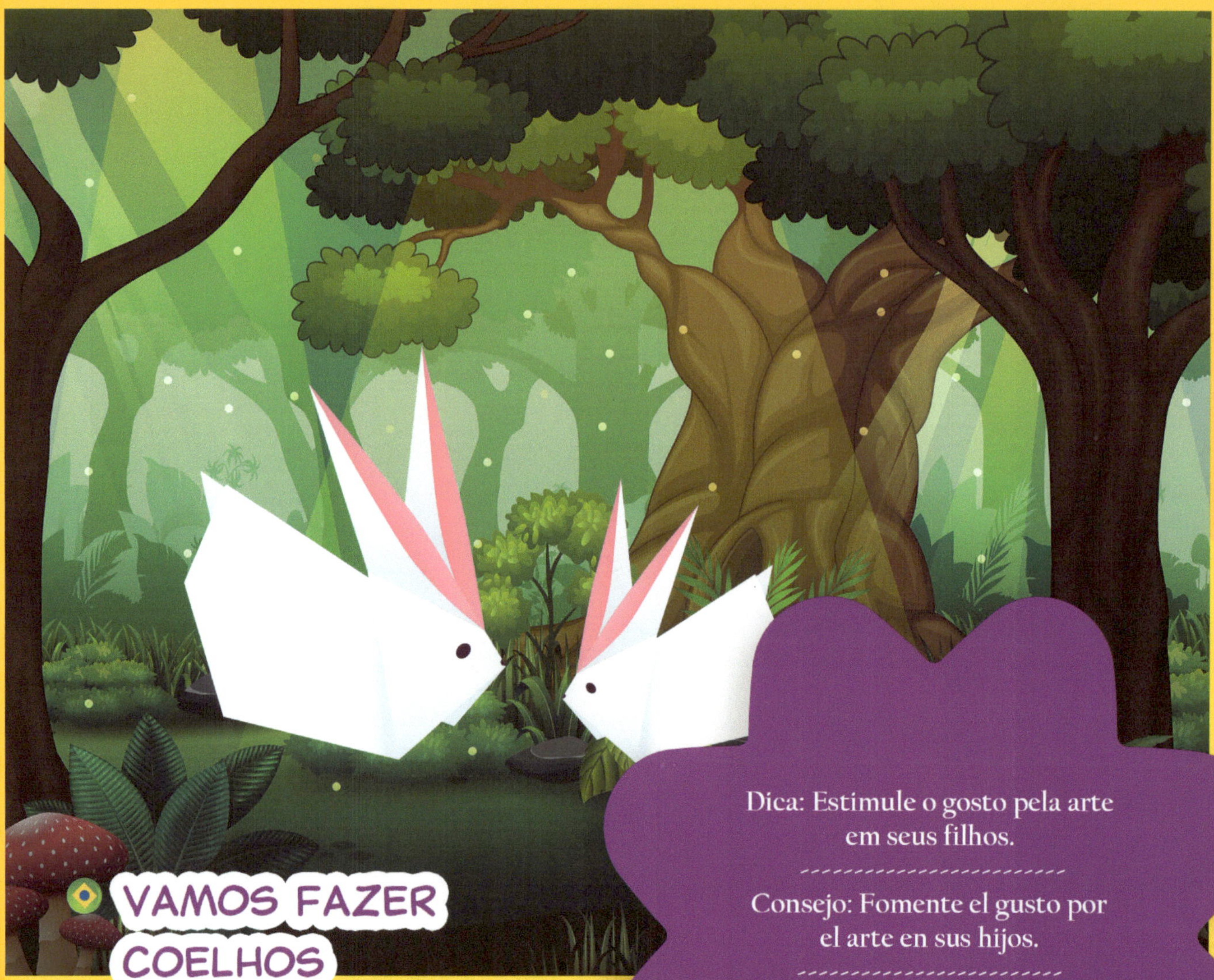

VAMOS FAZER COELHOS EM ORIGAMI

Venha aprender a fazer animais com dicas e passo a passo dessa incrível arte milenar japonesa.

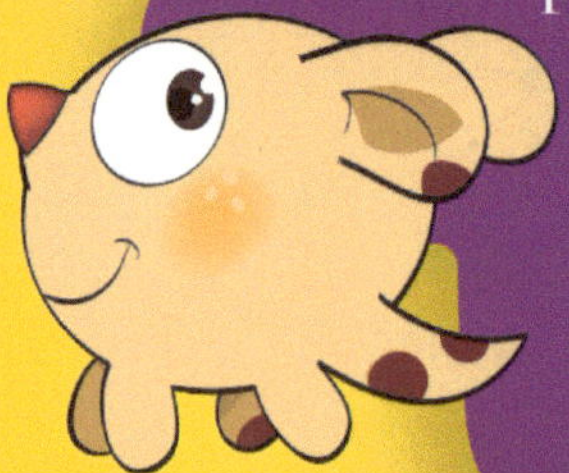

Dica: Estimule o gosto pela arte em seus filhos.

Consejo: Fomente el gusto por el arte en sus hijos.

Tip: Encourage a taste for art in your children.

HAGAMOS CONEJOS DE ORIGAMI

Ven a aprender cómo hacer animales con consejos y paso a paso de este increíble arte antiguo japonés.

LET'S MAKE ORIGAMI RABBITS

Come learn how to make animals with tips and step by step this incredible ancient Japanese art.

COELHO
CONEJO
RABBIT

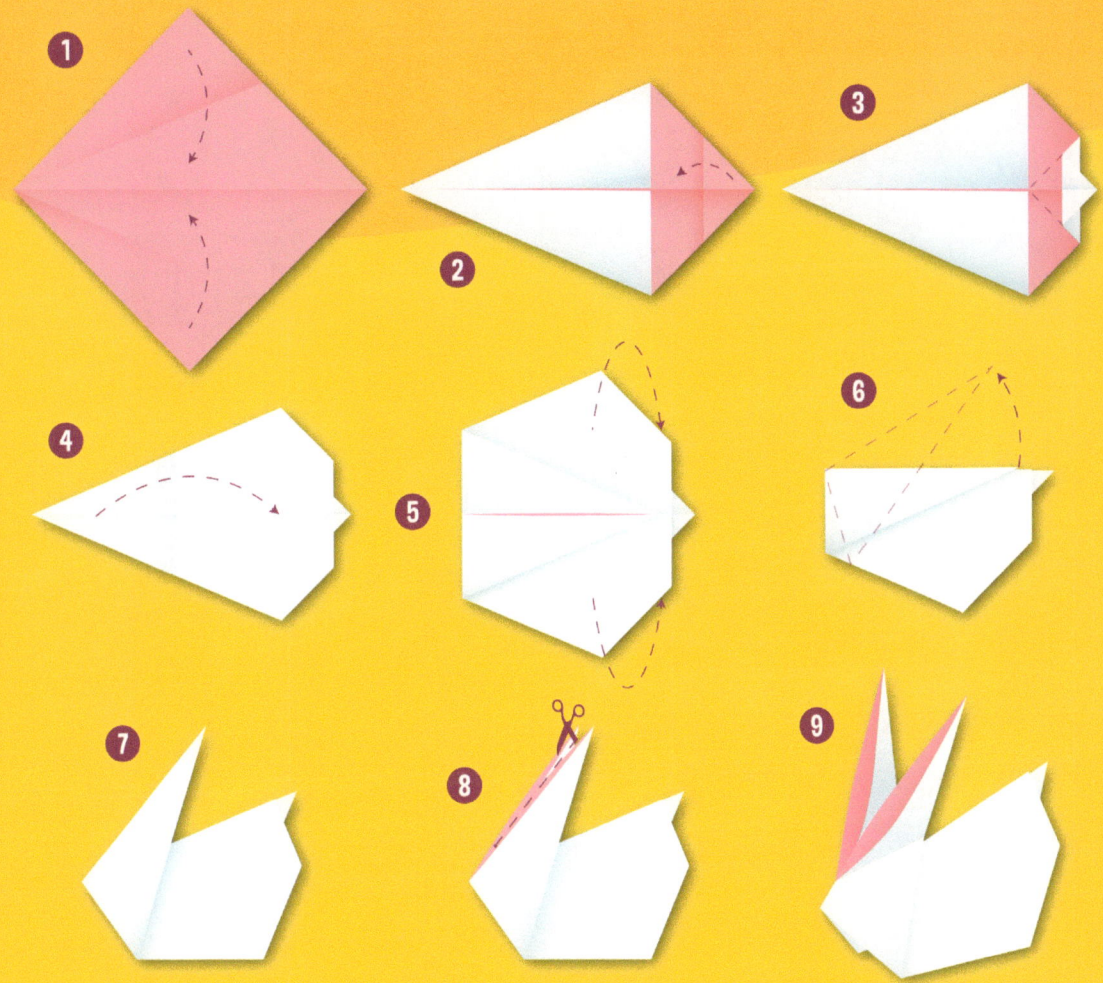
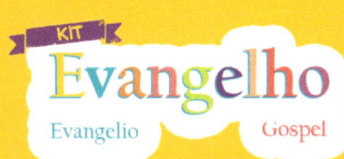
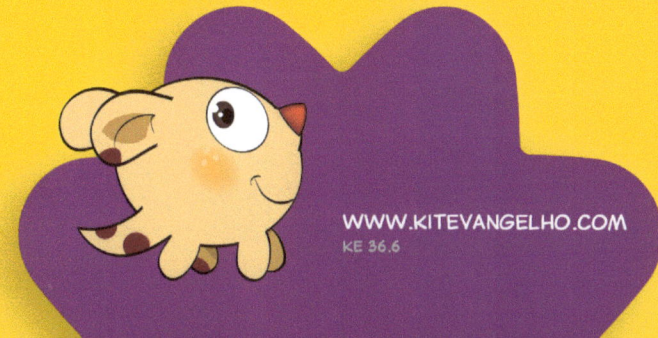

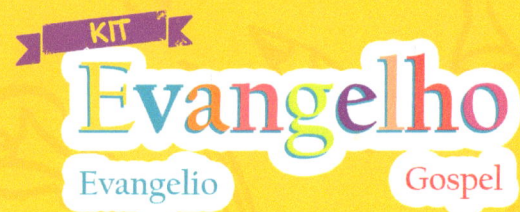

Colorir - Colorear - Color

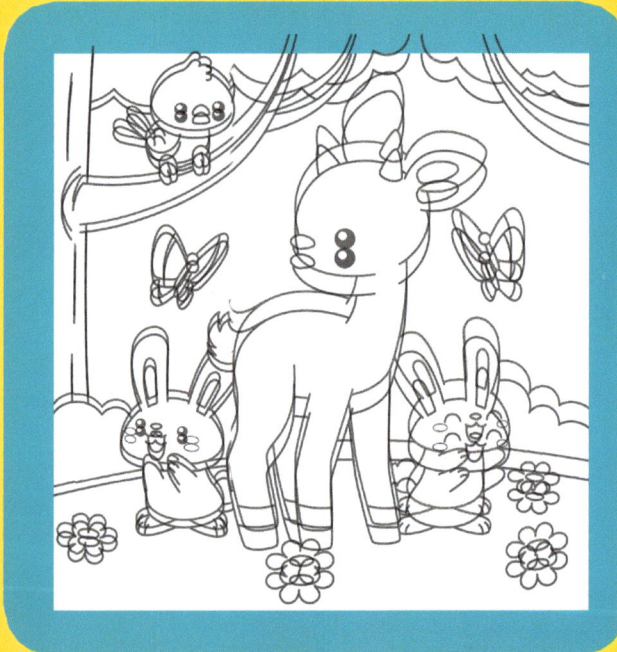
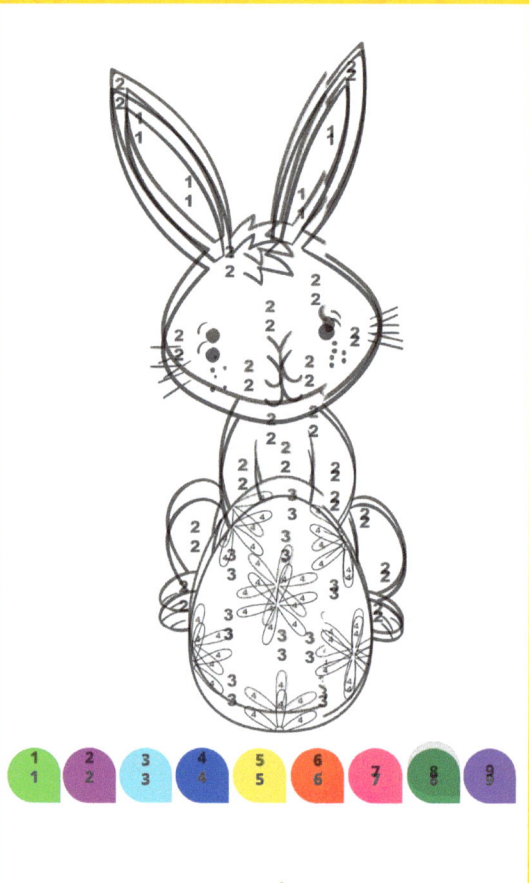
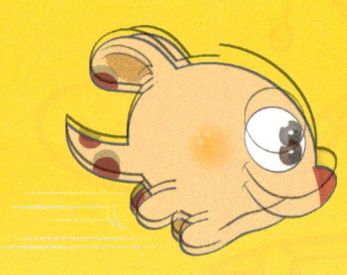
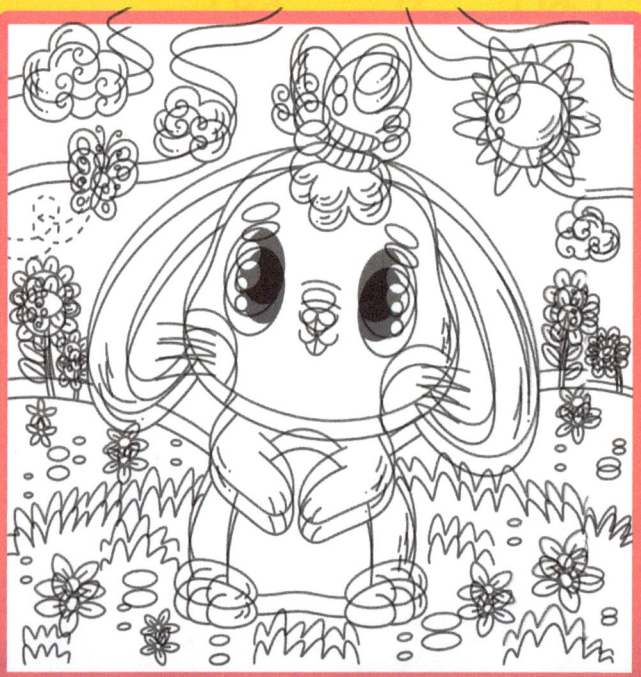
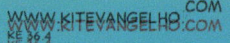

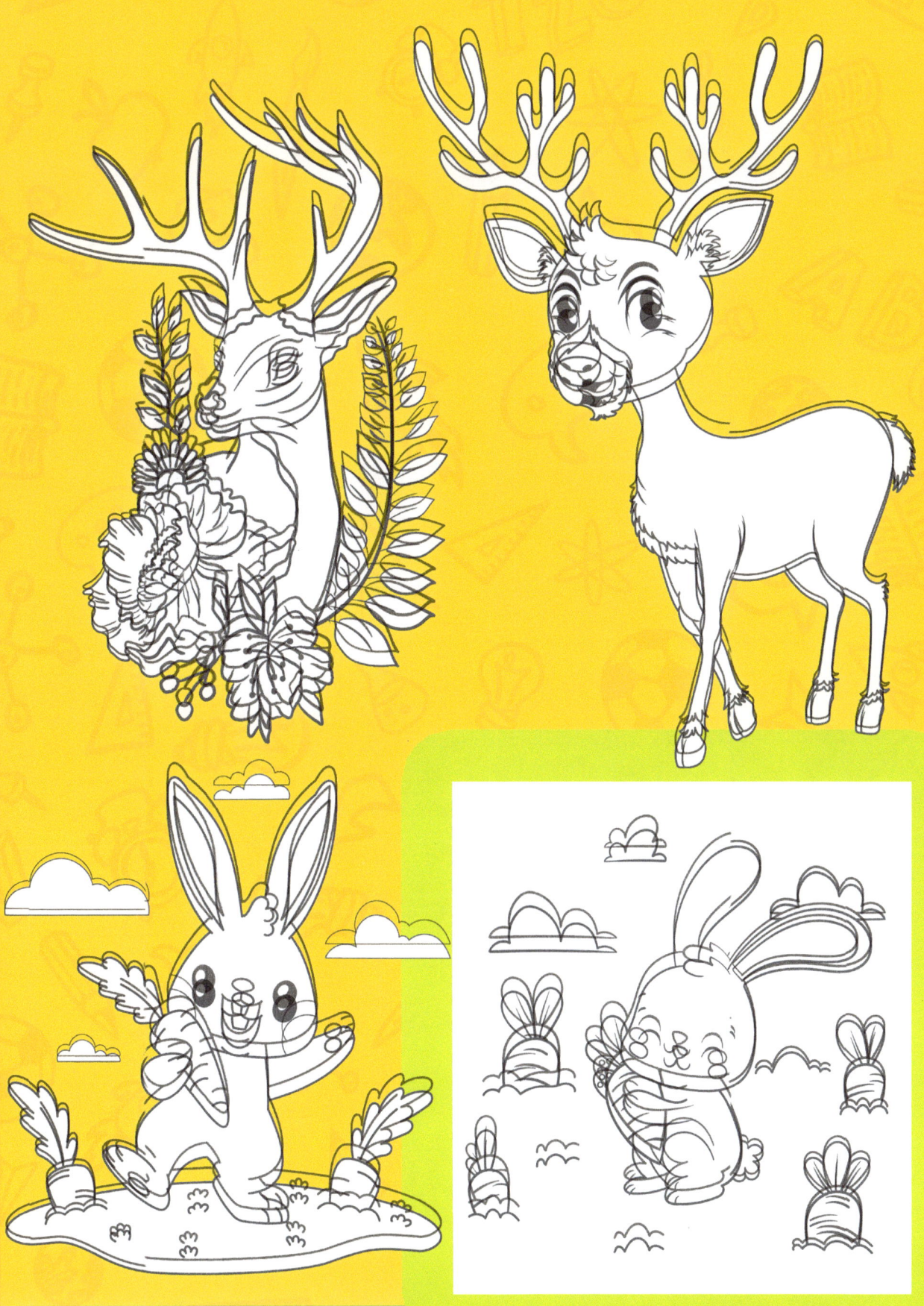

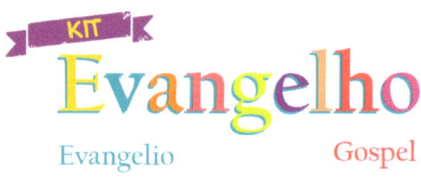

- Use sua imaginação e preencha os espaços.
- Usa tu imaginación y completa los espacios.
- Use your imagination and fill in the blanks.

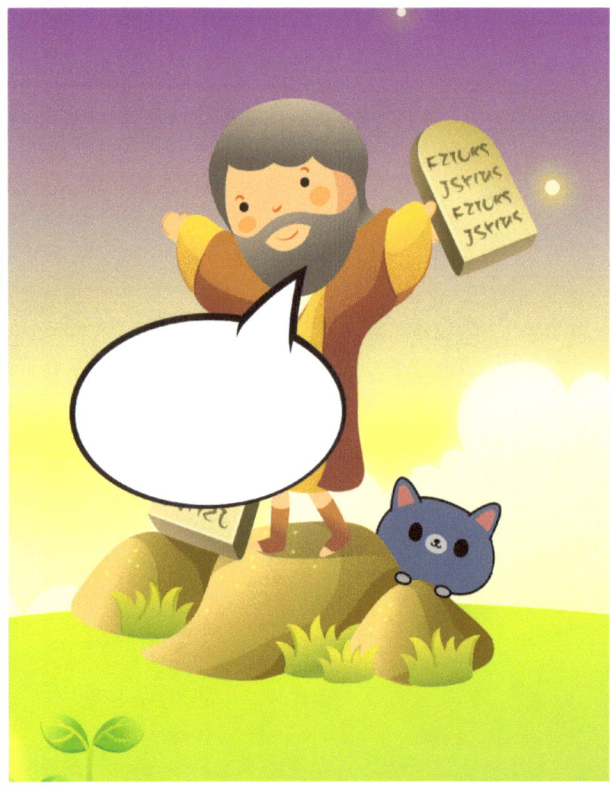
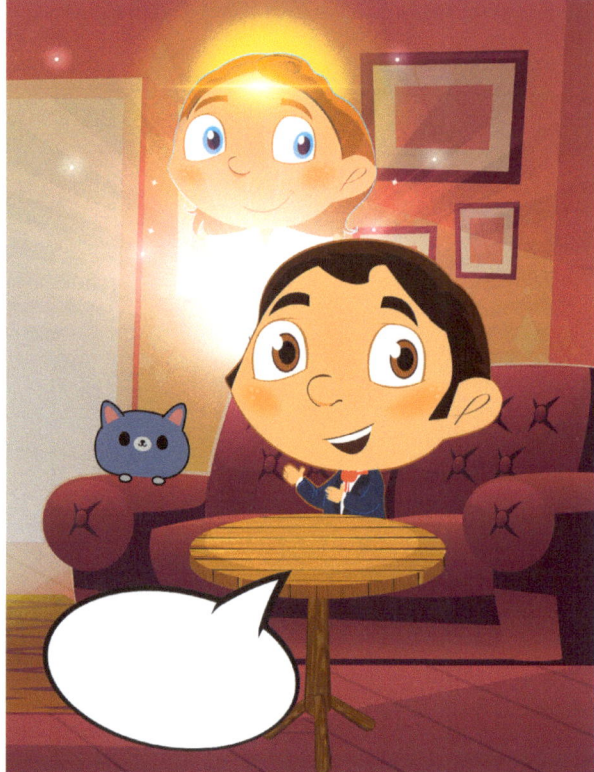
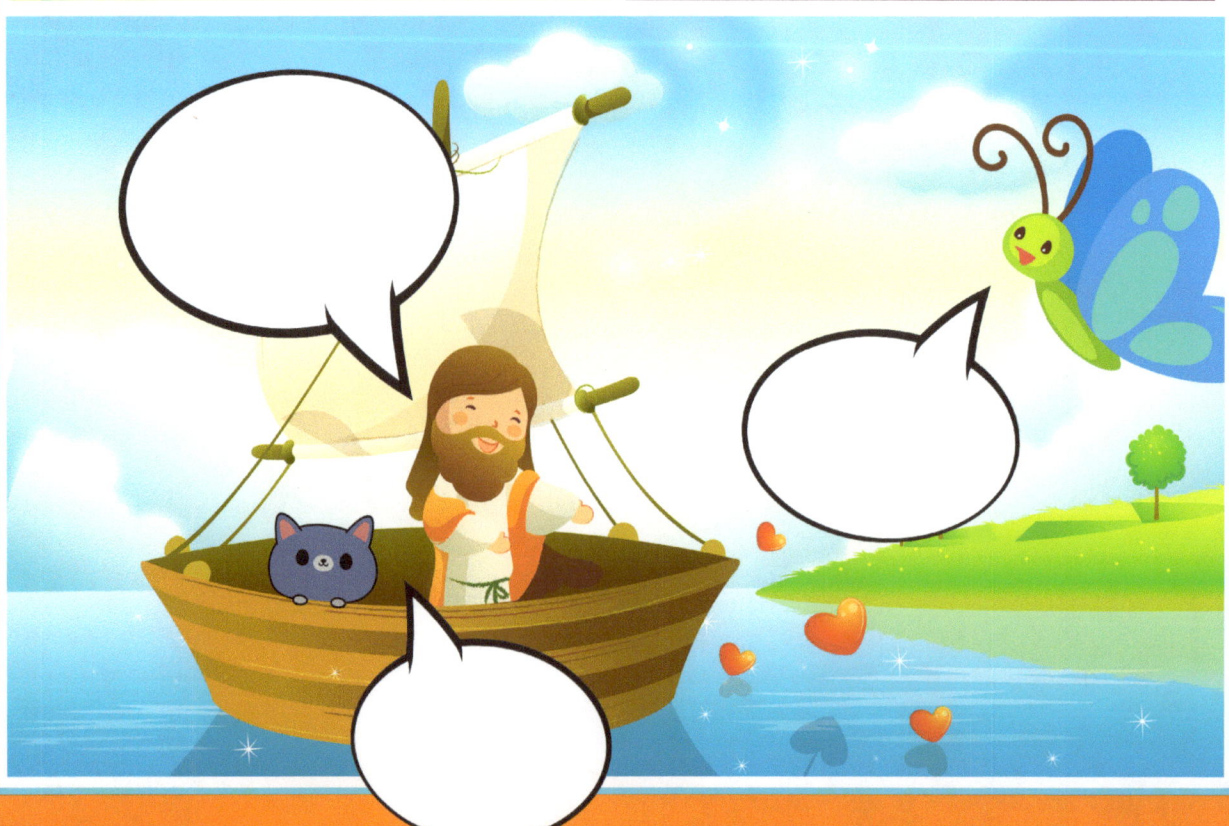

Crie seu conto sobre Justiça, Amor e Caridade.
Crea tu cuento sobre Justicia, Amor y Caridad.
Create your own Justice, Love and Charity' tale.

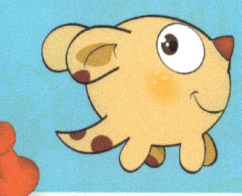

Use sua imaginação e preencha os espaços.
Usa tu imaginación y completa los espacios.
Use your imagination and fill in the blanks.

ERA UMA VEZ UMA COELHA CUJO NOME ERA:
ÉRASE UNA VEZ UNA CONEJA CUYO NOMBRE ERA:
ONCE UPON A TIME THERE WAS A BUNNY WHOSE NAME WAS:

ELA GOSTAVA DE:
A ELLA LE GUSTABA:
SHE LIKED:

COMO ELA GOSTAVA DE CUIDAR DE SEUS FILHOTES, PENSOU:
CÓMO LE GUSTABA CUIDAR A SUS CACHORROS, PENSÓ:
AS SHE LIKED TO TAKE CARE OF HER OFFSPRING, SHE THOUGHT:

CONTINUE O CONTO:
CONTINÚA EL CUENTO:
CONTINUE THE TALE:

AGORA QUE CONHECE AS LEIS DA NATUREZA, ELA DISSE:
AHORA QUE CONOCE LAS LEYES DE LA NATURALEZA, DIJO:
NOW THAT SHE KNOWS THE LAWS OF NATURE, SHE SAID:

DESENHE AQUI A COELHA FELIZ
DIBUJA AQUÍ LA CONEJA FELIZ
DRAW HERE THE HAPPY BUNNY

FIM - FIN - THE END

Complete sua coleção Completa tu colección Co

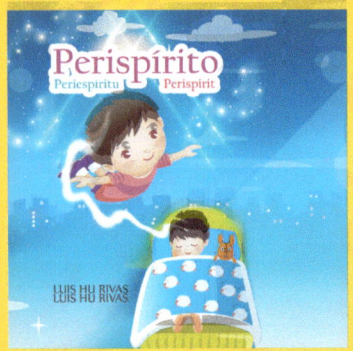 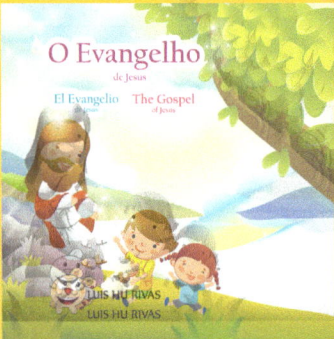 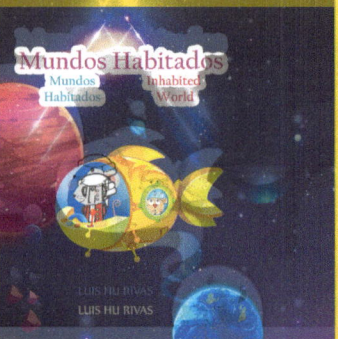 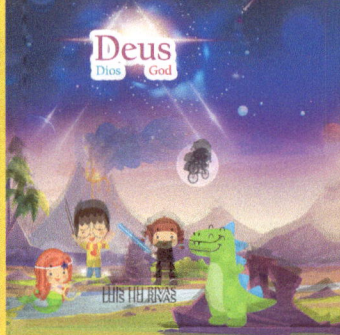
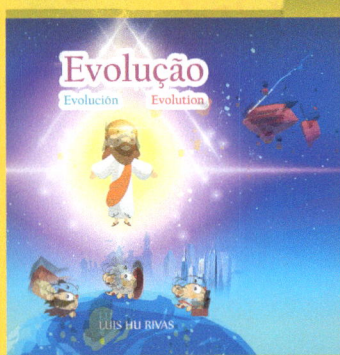 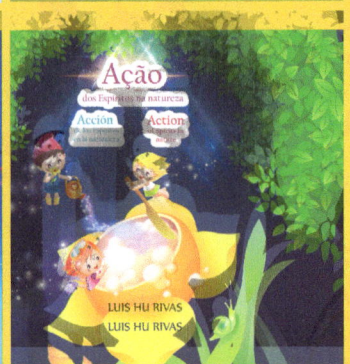 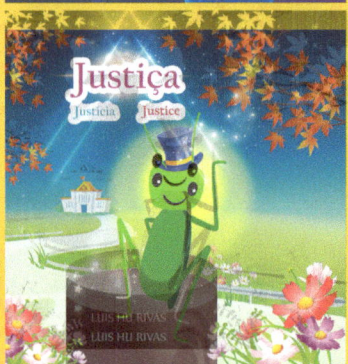 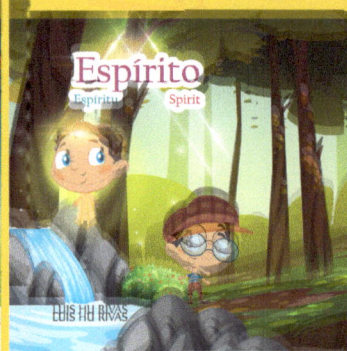
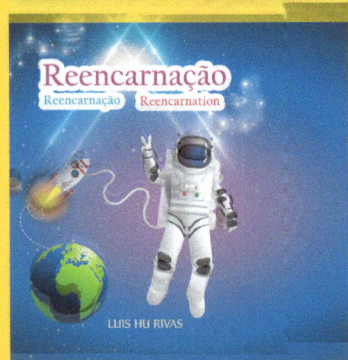 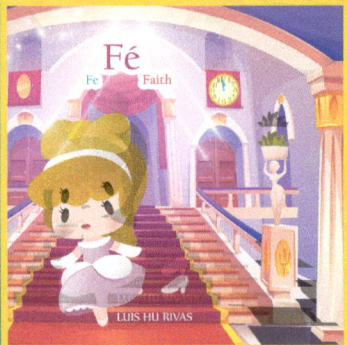 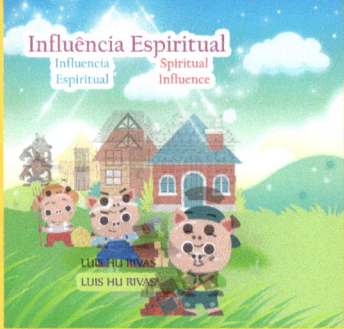 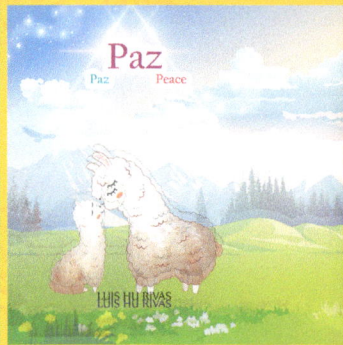
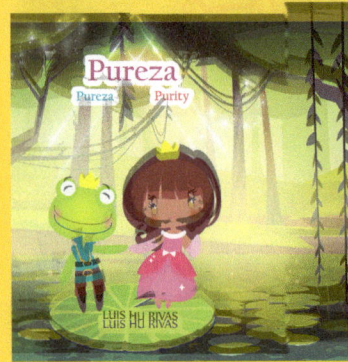 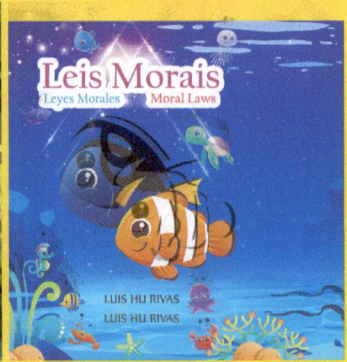 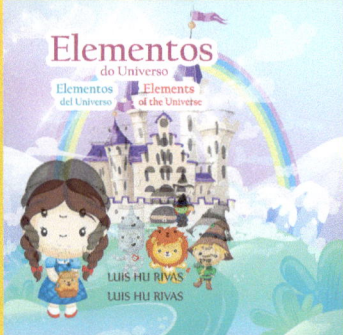 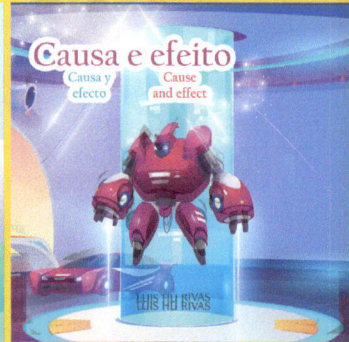

nplete your collection

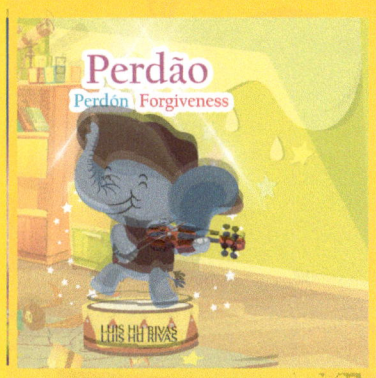
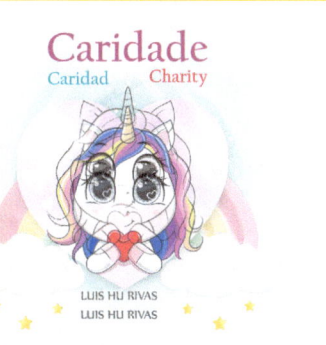
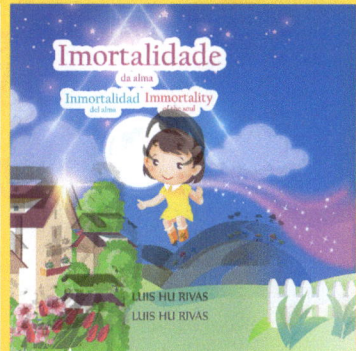
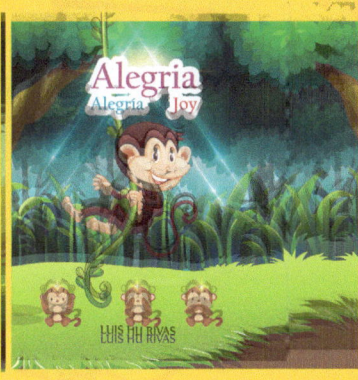
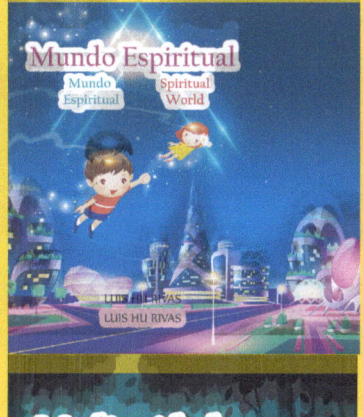
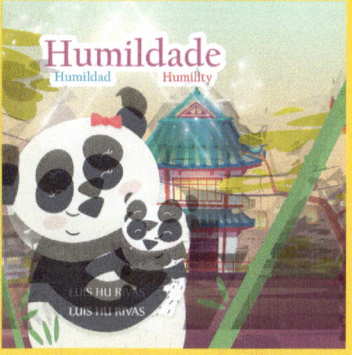
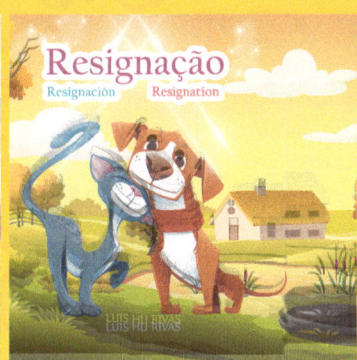
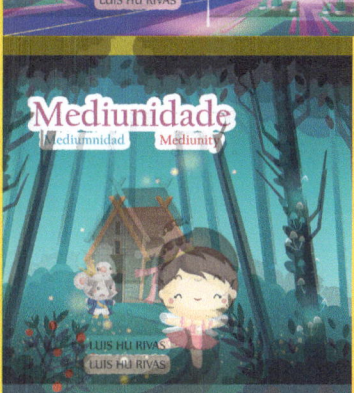
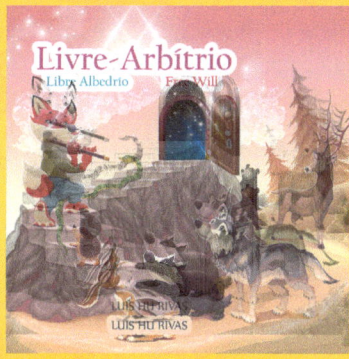
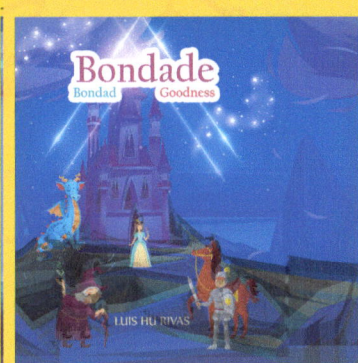

Vamos conhecer ensinamentos de luz que trazem paz e felicidade aos nossos corações.

Vamos a conocer enseñanzas de luz que traen paz y felicidad a nuestros corazones.

Let's get to know enlightening teachings that bring peace and happiness to our hearts.

🇧🇷

Ao lado de um simpático cervo, você vai se divertir para valer!
Embarque em uma emocionante história ilustrada, com muitos ensinamentos luminosos.
Usando sua imaginação, você vai descobrir respostas a perguntas como:
Por que ficamos irritados com a injustiça?
Por que não devemos julgar os outros?
O que é justiça, amor e caridade?

🇪🇸

¡Junto con un amistoso venado te divertirás mucho!
Embárcate en una emocionante historia ilustrada, con muchas enseñanzas luminosas.
Usando tu imaginación, descubrirás respuestas a preguntas como:
¿Por qué nos irrita la injusticia?
¿Por qué no debemos juzgar a los demás?
¿Qué es la justicia, el amor y la caridad?

🇺🇸

You will have real fun in this adventure with nice deer!
Join us on an exciting illustrated story, with many inspiring teachings.
With this reading you will also find answers to questions such as:
Why are we irritated by injustice?
Why shouldn't we judge others?
What is justice, love and charity?

HU
PRODUÇÕES